瞭望者

J

暨南文库·新闻传播学
JINAN Series in Journalism & Communication

本书为国家社会科学基金教育学项目

"港澳大中小学生国情教育高质量发展研究"

（项目编号：BGA230250）

阶段性成果

暨南文库·新闻传播学 ❷

JINAN Series in Journalism & Communication

数字时代的青年文化政治

澳门青年的网络实践

林仲轩 ◎ 著

瞭望者
J

暨南大学出版社
JINAN UNIVERSITY PRESS

中国·广州

图书在版编目（CIP）数据

数字时代的青年文化政治：澳门青年的网络实践 / 林仲轩著. -- 广州：暨南大学出版社，2024. 11.
（暨南文库·新闻传播学）. -- ISBN 978-7-5668-3224-5

Ⅰ. G05

中国国家版本馆 CIP 数据核字第 2024VM3460 号

数字时代的青年文化政治：澳门青年的网络实践
SHUZI SHIDAI DE QINGNIAN WENHUA ZHENGZHI：AOMEN QINGNIAN DE WANGLUO SHIJIAN

著　者：林仲轩

出 版 人：阳　翼
责任编辑：颜　彦　王辰月
责任校对：刘舜怡　林玉翠　黄晓佳
责任印制：周一丹　郑玉婷

出版发行：暨南大学出版社（511434）
电　　话：总编室（8620）31105261
　　　　　营销部（8620）37331682　37331689
传　　真：（8620）31105289（办公室）　37331684（营销部）
网　　址：http://www.jnupress.com
排　　版：广州尚文数码科技有限公司
印　　刷：广州市金骏彩色印务有限公司
开　　本：787mm×1092mm　1/16
印　　张：11.25
字　　数：210 千
版　　次：2024 年 11 月第 1 版
印　　次：2024 年 11 月第 1 次
定　　价：48.00 元

（暨大版图书如有印装质量问题，请与出版社总编室联系调换）

总　序

……

　　如果从口语传播追溯起，新闻传播的历史至少与人类的历史一样久远。古人"尝恨天下无书以广新闻"，这大约是中国新闻传播活动走向制度化的一次比较早的觉醒。

　　消息、传闻、故事、新闻、报道，乃至愈来愈切近的信息、传播、大数据，它们或者与人们的生活特别相关、比较相关、不那么相关、一点也不相干，或者被视为一道道桥上的风景、一缕缕窗边的闲情抑或一粒粒天际的尘埃，转眼消失在风里。微观地看，除了极少数的场景外，新闻多一点还是少一点，未必会造成实质性的差别；本质地看，人类作为社会性的动物，莫不以社会交往，包括新闻传播的存在和丰富化为前提。

　　这也恰好是新闻传播生存样态的一种写照——人人心中有，大多笔下无。它的作用机制和内在规律究竟为何，它的边界究竟如何界定，每每人见人殊。要而言之，新闻传播学界其实永远不乏至为坚定、至为执着的务求寻根问底的一群人。

　　因此人们经常欣喜于新闻传播学啼声的清脆、交流的隽永，以及辩驳诘难的偶尔峥嵘。重要的也许不是发现本身，而是有越来越多的研究者参与其中，或披荆斩棘，或整理修葺。走的人多了，便有了豁然开朗。倘若去粗取精，总会雁过留声；倘若去伪存真，总会人过留名。

　　走的人多了，我们就要成为真正的学术共同体，不囿于门户之见，又不息于学术的竞争。走的人多了，我们也要不避于小心地求证、深邃地思考，学而不思则罔。走的人多了，我们还要努力站在前人、今人的肩膀上，站得更高一些，看得更远一些。

　　这里的"我们"，所指的首先是暨南大学的新闻传播学人。自 1946 年起，创系先贤、中国第一位新闻学博士、毕业于德国慕尼黑大学的冯列山先生，以及上海《新闻报》总经理詹文浒先生等以启山林，至今弦歌不辍。求学问道的同好相互砥砺，相互激发，始有本文库的问世。

"我们"，也是沧海之一粟。小我终究要融入大我，我们的心血结晶不仅要接受全国同一学科学术共同体的检验，还要接受来自新闻、视听、广告、舆情、公共传播、跨文化传播等领域的更多读者的批评。重要的不完全是结果，更多的是过程。在这一过程中我们特别关注以下剖面：

第一，特定经验与全球视野的结合。文库的选题有时是从一斑窥起，主要目标仍然是研究中国全豹，当然，我们也偶或关注印度豹、非洲豹和美洲豹。在全球化时代，我们的研究总体会自觉不自觉地增添一些国际元素。

第二，理论思辨与贴近现实的结合。犹太谚语云"人类一思考，上帝就发笑"，或许指的是人力有时而穷，另外一种解释是万一我们脱离现实太远，也有可能会堕入五里雾中。理论联系实际，不仅是哲学的或革命的词句，也是科学的进路。

第三，新闻传播与科学技术的结合。作为一个极具公共性的学术领域，新闻传播的工具属于拿来主义的为多。而今，更是越来越频繁地跨界，直指5G、云计算、人工智能等自然科学的地盘。虽然并非试图攻城拔寨，但是新兴媒体始终是交叉学科的前沿地带之一。

归根结底，伟大的时代是投鞭击鼓的出卷人，我们是新闻传播学某一个年级某一个班级的以勤补拙的答卷人，广大的同行们、读者们是挑剔犀利的阅卷人。我们期望更多的人加入我们，我们期望为知识的积累和进步贡献绵薄的力量，我们期望不辜负于这一前所未有的气势磅礴的新时代！

编委会

2024 年 5 月

目　录
contents

第一章

绪论

······

第一节　"青年震荡"：从全球到澳门

2017 年年底，由"青年"（youth）和"震荡"（quake）组成的"青年震荡"（youthquake）成为《牛津词典》的年度词语，指涉由青年人的行为或影响力所引发的文化、政治和社会的重要变革。根据《牛津词典》的统计，2017 年"青年震荡"一词每月被使用高达 1.5 亿次①，因为全世界在这一年中的众多政治选举中，青年人正重新燃起对政治的兴趣和热情：4 月，法国 18—24 岁的年轻选民展现"前所未有的动能"，助力 39 岁的埃马纽埃尔·马克龙（Emmanuel Macron）赢得法国总统大选；6 月，英国启动"脱欧"程序后的首次议会选举中，18—31 岁的青年人投票率激增，使第一大党保守党失去多数党地位，被媒体评论为"青年赢得这场选举"；9 月，新西兰大选，工党凭借年轻选民的支持，通过组阁"逆袭"上位，"80 后"的工党党首杰辛达·阿德恩（Jacinda Ardern）也成为新西兰历史上最年轻的总理。除了欧美国家，亚洲的日本、韩国等国家和中国台湾等地区也都出现类似地现象，即青年力量对不少重大事件都产生了巨大的震荡效应。

"青年震荡"这个世界级现象，反映了在经济全球化、金融资本主义、消费主义和财富分化急剧扩大的大背景下，教育就业、家庭生活和未来发展等方方面面的巨大不确定性，使青年群体有了强烈的相对剥夺感、无保障感和不安全感。因此，他们从原本对政治和社会的漠不关心，转向对参与政治、参与社会变革兴趣高涨和充满热情，希望借此为自己的未来寻求一个比较稳定的前景。为此，青年群体通过各种"体制内"行动（如选举投票）和"体制外"行动（如街头行动），实现自我表达和行动，向世界宣告青年群体自我意识的觉醒。同时，这预示着"青年震荡"问题"卷土重来"，并开始深刻影响整个时代。

之所以说"卷土重来"，是因为早在 20 世纪 60 年代，出生于第二次世界大

---

① "Word of the Year 2017 is…", https://en.oxforddictionaries.com/word-of-the-year/word-of-the-year-2017.

战之后"婴儿潮"的一代在大规模进入青年期时已经成功地发动了一次挑战规范的文化运动。实际上，"青年震荡"一词是杂志《服饰与美容》（*Vogue*）的主编戴安娜·弗里兰（Diana Vreeland）于 1965 年创造的，用以形容当年复古风潮再流行背景下的"摇摆伦敦"（Swinging London）青年文化风潮。当时，充满活力的年轻一代对各种保守设计都感到厌倦，急于寻找新的时尚风格来重塑他们的个人风格并探索自己的身份。因此，来自伦敦街头的时尚风格——迷你裙、连体衣、摩登派和嬉皮士等风靡全球。这些时尚如同新兴艺术品一般在街头流行开来，与商店里摇滚音乐的咆哮声融为一体，被全球青年接受、消费和生产，成为他们全新的生活方式甚至是梦想。弗里兰在《服饰与美容》美国版中写道：

一个奇妙的时刻从 13 岁开始，从不浪费时间。不再等待成长，而是以自己的方式、自己的形式，在这一周末成长。梦想，仍然在那里，并在行动中发挥作用：写作、演唱、表演、设计……今年是年轻的一年，是年轻人的一年。仅仅在美国就有九千万这样 24 岁以下的年轻人，更多的梦想家，更多的实干家。在这里，现在，1965 年青年震荡。①

但是，20 世纪 60 年代的"青年震荡"主要开始并停留在时尚界、艺术界和评论界等领域，主要表现为青年人对父母一代传统价值观的排斥，尽管震荡最终也多少会指向政治领域，但并不与公共政治直接发生正面冲突。而半个世纪之后卷土重来的"青年震荡"却从一开始就在政治领域集中爆发并且逆向而行，进而影响社会文化变革。不同于当年的"婴儿潮"一代，21 世纪前后出生的"千禧一代"成长在社会稳定发展的时代，特别是互联网等信息通信技术（Information Communication Technologies，ICTs）迅猛发展的时代，因此也被称为"数字原住民"。但是，良好的社会生活环境反而令他们饱受诟病；无所不在的数码产品也没有让他们与政治更亲密，反而被人指责对政治冷漠并在社会政治力量阵营划分中被边缘化，如英国《金融时报》（*Financial Times*）的报道："几十年来，一个恶性循环一直在发生：年轻人不大会投票，所以政治家们在制

---

① Weaver，H.，How a 52 – Year Old Word Invented by a Vogue Editor Became 2017's Word of the Year，December 15，2017，https://www.vanityfair.com/style/2017/12/youthquake-is-oxford-dictionary-word-of-the-year.

定宣言的时候不会优先考虑他们的需求，所以年轻人对政治的幻灭感会增强。"①

　　而且，在过去的很长时间里，不仅欧美国家的青年表现出这种政治上的冷漠，亚洲部分国家和地区也是如此，比如日本"无欲望社会"下的"草食男"和中国台湾地区的"小确幸"就是这种表现的两个例子。但是，在过去几年，特别是 2010 年以来的这波"青年震荡"却颠覆了这种政治消极的青年印象，而且令人们看到其政治上活跃的一面，青年世代的政治兴趣、政治热情都在重新觉醒。正如学者安妮·萨尔蒙德（Anne Salmond）认为，"在经历了三十多年的超个人主义之后，聪明的年轻一代正在向上发展。他们的思维方式非常不同，他们关注的是长远的未来"②。在某种程度上可以说，青年世代正在全球性地出现政治化和激进化趋势，在各个社会留下巨大的裂痕或带来深远的影响。

　　具体到澳门地区，澳门青年作为"数字原住民"的一代，借助这一场"青年震荡"，迅速崛起成为澳门社会和政治生态中一股新兴而重要的有生力量。

　　"青年震荡"从席卷全球到影响澳门，反映了青年世代问政、议政、参政和执政的政治觉醒并渴望推动社会变革的时代趋势，具有长远的文化政治意义。实际上，"青年震荡"的概念已经越来越多地被用来指涉港澳地区的青年文化政治，但学界对澳门青年的相关研究却仍付之阙如。因此，在澳门的独特社会背景下，在全球"青年震荡"的新形势下，关注澳门青年的文化政治实践，有非常迫切而现实的意义。

第二节　网络社会：数字时代的澳门青年

　　澳门青年世代崛起并形成"青年震荡"之势的大背景，是澳门以互联网为基础的信息通信技术发展并最终形成成熟的网络社会的历史进程。在这一进程中，澳门青年世代诞生并成长于网络环境中，成为真正意义上的"数字原住

---

①② 陆依裴：《"青年震荡"缘何成为〈牛津词典〉2017 年度词汇?》，上观新闻，2017年 12 月 18 日，https://www.shobserver.com/news/detail?id=74374。

民"和"网络世代",其媒介使用、休闲娱乐和社交联络等都天然地依托网络进行。这种"数字原住民"的特殊性,为澳门青年世代的社会参与提供了新的可能,并迅速崛起为澳门一支新的政治力量。因此,在深入研究澳门青年的网络实践及其文化政治意涵之前,有必要全面梳理澳门网络社会的发展历史、背景和趋势,特别是当前的互联网使用现状和网络社会特征。

一、澳门青年上网率接近100%,互联网使用呈现移动化趋势

1995 年,澳门网络接入国际互联网络,其网民规模总量一直以约6%的速度平稳增长。截至2018 年,澳门网民比例已经高达83.6%。[①] 从具体的网民属性来看,年龄差异在澳门网民属性中最为明显,但代际鸿沟有缩小趋势。在澳门网民所有年龄段分布中,青年群体的上网率最高,18—35 岁澳门青年网民的上网率几乎达到100%,比美国高2%(见图1–1);同时,51 岁及以上的澳门中老年群体上网比例也有所提高。结合澳门总体人口数量来看,澳门青年网民约占总体人口的40%;同期,内地的青年网民占总体人口比例的27.9%。[②]

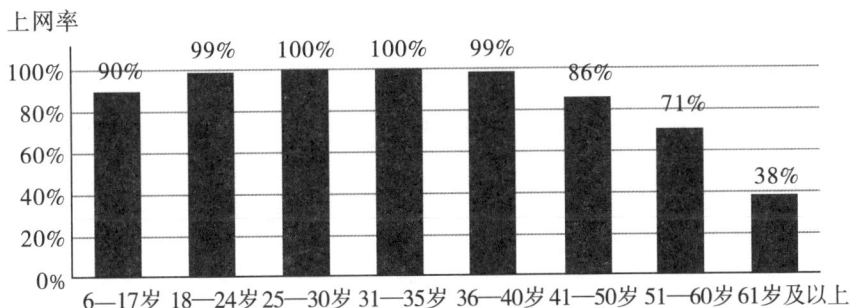

图 1 – 1　2018 年不同年龄段的澳门网民上网率

数据来源:澳门互联网研究学会:《澳门居民互联网使用趋势报告》,2018 年。

其他网民属性方面,职业和学历对网民的上网率也有一定影响。职业方面,学生(94%)和就业人士(93%)的上网率均比较高,而家庭主妇及退休人士(60%)和失业、待业、无业人士(54%)的上网率则相对较低。学历方面,

---

[①]　澳门互联网研究学会:《澳门居民互联网使用趋势报告》,2018 年,http://www.
macaointernetproject. net/uploads/default/files/internetusgaetrendsinmacao2018_ chi_ 20180606. pdf。

[②]　中国互联网络信息中心:《中国互联网络发展状况统计报告》,2018 年,http://www.
cnnic. net. cn/gywm/xwzx/rdxw/20172017_ 7047/201808/P020180820603445431468. pdf。

大专及以上学历的网民上网率最高，达到99%；而小学及以下学历的网民上网率仅为54%，他们上网少的原因主要是不具备上网技能（51%）以及没有上网需求（17%）。性别方面，男性网民上网率为83%，女性网民上网率为84%，网络使用情况差异不大。

移动化是澳门网民使用网络呈现出来的另一个显著特点。澳门互联网研究学会（MAIR）及易研网络研究实验室最新发布的《澳门居民互联网使用趋势报告》中显示，移动上网设备的普及（手提电脑拥有率为63%，智能手机拥有率为85%）以及无线上网方式的发展（85%的网民通过无线上网），使澳门网民随时随地上网的比例出现较大增幅。2018年，澳门居民手机使用率达到96%，手机上网率达到80%，这一比例略低于内地的98.3%。

二、澳门青年的互联网使用行为模式

全民化、移动化的互联网发展趋势，深刻影响了澳门网民原有的生活方式和网络需求，重塑了澳门网民的互联网使用行为模式。2018年，澳门网民平均每天上网约3小时，并且使用时段主要集中于晚间8：00—10：00。与10年前相比，澳门网民的日均上网时长有明显增长，但上网行为模式更"健康"，即每天凌晨后（1：00—4：00）的上网率明显降低，这或与澳门网民中中老年群体比例整体上升有关（见图1-2）。

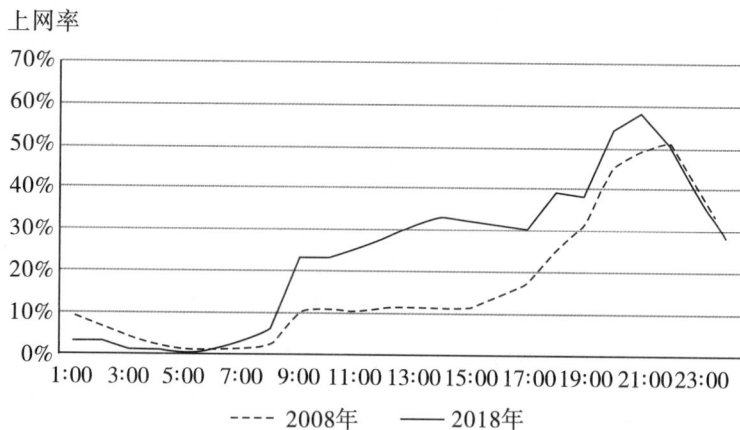

图1-2 2008年、2018年澳门网民上网时间段分布

数据来源：澳门互联网研究学会：《澳门居民互联网使用趋势报告》，2018年。

为进一步了解澳门网民的互联网使用行为模式，笔者还在 2018 年进行了澳门网民的新媒体使用情况调查，共回收有效问卷 1 155 份。通过调查发现，在新媒体使用方面，澳门网民呈现出多元状态，不同类型的新媒体平台均拥有一定的用户群体。其中，微信（95%）、新闻网站（64.7%）和 Facebook（59%）是澳门网民最常使用的三种新媒体平台。

与其他新媒体平台相比，澳门网民平均每天使用微信的时间最长。有57.7% 的澳门网民表示，每天使用微信的时间在 1 小时以上。其中，近两成的澳门网民平均每天使用微信的时长在 3 小时以上，是微信的重度依赖者。并且，不同收入人群、不同职业人群使用率最高的新媒体平台均为微信。在收入方面，不同收入的澳门网民使用微信的比例均超过94%。在职业方面，不同职业的澳门网民使用微信的比例均超过90%，其中全日制学生使用微信的比例达到98%。

微信、Facebook 等新媒体平台虽然为澳门网民提供了很多的便利，但也带来了隐私安全方面的问题。澳门互联网研究学会的一项调查显示，仅39% 的澳门网民认为目前他们的互联网隐私是安全的，而认为个人的互联网隐私曾经遭到侵犯的网民比例上升至42%。[①] 不过，澳门青年网民对互联网隐私状况表现出相对乐观的态度，这从一定程度上反映了青年网民对互联网的天然好感和信任。因此，澳门网民更容易也更倾向于通过互联网进行消费、沟通和获取资讯，以此来感知世界。

三、澳门网民的互联网使用需求

2018 年，澳门网民使用互联网的主要需求是休闲娱乐（54%）、获取资讯（44%）、社交沟通（40%）、网络新闻（30%）和网络社区（18%）五个方面。以下将针对澳门网民的前三项使用需求——休闲娱乐、获取资讯和社交沟通，进行深度剖析（见图 1 - 3）。

---

① 澳门互联网研究学会：《澳门居民互联网使用趋势报告》，2018 年，http://www.macaointernetproject. net/uploads/default/files/internetusgaetrendsinmacao2018_ chi_ 20180606. pdf。

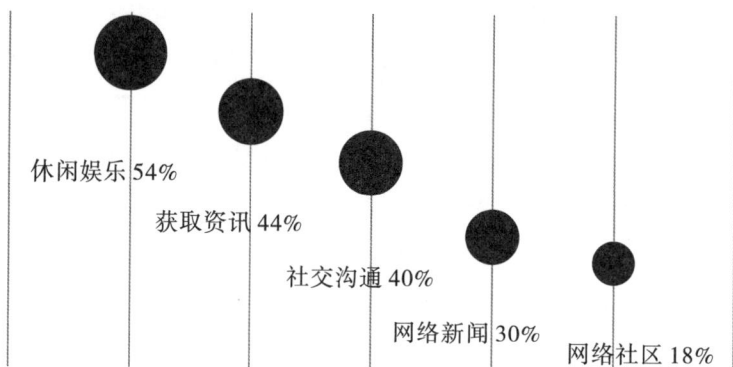

休闲娱乐 54%

获取资讯 44%

社交沟通 40%

网络新闻 30%

网络社区 18%

图 1－3　2018 年澳门网民主要互联网使用需求

数据来源：澳门互联网研究学会：《一张图告诉你 2018 年澳门居民最新的互联网情况》，2018 年。

（一）休闲娱乐需求

在休闲娱乐方面，澳门网民使用最多的是网络购物类应用程序。澳门成年网民在网上购物和网上支付的比例大约是 50%，但不同年龄段的网民对于是否选择网络购物的态度差异相对明显，即青年群体网络购物的比例最高，接近七成（67%），而网民的年龄越大则其网络购物的比例越低（见图 1－4）。青年群体的网购产品主要为纺织品、服装（50%），家居、工艺品（21%），护肤、日用品（21%），食品（11%）和非电脑类电子产品（11%）。

网民年龄

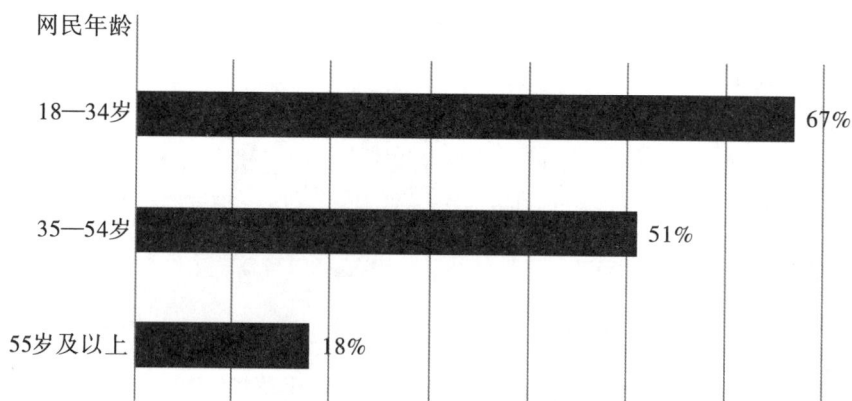

18—34岁 67%

35—54岁 51%

55岁及以上 18%

图 1－4　澳门各年龄段网民进行网络购物的比例

数据来源：澳门互联网研究学会：《第十八次澳门居民互联网使用年度调查报告》，2018 年。

其中，澳门青年在选择网上支付方式时，选择使用银行卡（含信用卡、借记卡等）进行网上支付的比例最高（54%）；有43%的澳门青年会选择支付宝App进行网上支付，有28%的澳门青年选择使用微信支付，20%的澳门青年选择网上银行App支付，此外还有较少网民选择澳门通钱包（Macau Pass）支付（5%）和PayPal支付（5%）。而在选择手机支付时，通过微信支付的比例最高（59%），其次为支付宝（50%），再次为网上银行（17%）和澳门通钱包（14%）。此外，也有少数澳门青年网民选择苹果支付（Apple Pay）（2%）。

此外，澳门青年在使用网上银行、电子政务、网上预约以及叫车服务的过程中，也都表现出较强的参与性和使用积极性（见表1-1）。

表1-1　2018年澳门网民使用网络服务参与比例

	网民使用率	18—34 岁	35—54 岁	55 岁及以上
网上银行	48%	62%	57%	23%
电子政务	48%	54%	52%	21%
网上预约	40%	53%	46%	17%
叫车服务	27%	33%	31%	13%

数据来源：澳门互联网研究学会：《第十八次澳门居民互联网使用年度调查报告》，2018年。

（二）获取资讯需求

在获取资讯方面，有近八成的（79%）澳门网民选择在网上浏览新闻。但不同人口属性的澳门网民通过网络浏览新闻的比例有一定差异，这种差异主要体现在年龄、教育程度和职业三个方面。从年龄方面来看，18—54岁的网民在网上浏览新闻的比例超过八成，高于平均水平；从教育程度看，教育程度越高的网民在网上浏览新闻的比例越高，大专及以上文化程度的比例为89%，小学及以下则为54%；从职业方面看，就业人士的比例为86%，而失业、待业、无业的网民不足五成（47%），见表1-2。

表 1-2　2018 年澳门各类网民的获取资讯需求分布

人群特征		比例
年龄	6—17 岁	55%
	18—34 岁	82%
	35—54 岁	89%
	55 岁及以上	67%
教育程度	小学及以下	54%
	中学	77%
	大专及以上	89%
职业	就业人士	86%
	家庭主妇及退休人士	77%
	学生	67%
	失业、待业、无业人士	47%

数据来源：澳门互联网研究学会：《第十八次澳门居民互联网使用年度调查报告》，2018 年。

从内容需求来看，结合 2018 年的调查发现，澳门网民最关注社会新闻，关注率达 91.3%；其次是时政新闻，关注率为 86.3%；再次为娱乐时尚，关注率为 84.8%；此外，文化教育资讯的关注率为 82.8%；其他数码信息、财经新闻和体育新闻的关注率相对较低。

此外，本研究还发现澳门青年网民的网络资讯参与程度最高，他们对视频等新兴的网络资讯传播方式兴趣明显。从网民参与程度看，有超过四成（42%）的澳门网民会通过转载新闻、发表评论等方式参与网络新闻互动。其中，18—34 岁的青年网民参与网络新闻互动的比例为各个年龄网民中最高，其转载比例达 51%。

另外，澳门网民对视频等新兴网络资讯传播方式的接受度相对较高（79%），并且视频传播有明显的低龄化特征，即网民年龄越小则其浏览网络视频的比例越高。其中，6—17 岁澳门网民的比例达 90%，而 55 岁及以上网民的浏览比例为 48%（见表 1-3）。

表 1 - 3　2018 年澳门网民各年龄段的网络资讯参与情况

总体比例		参与评论比例	浏览视频比例
		42%	79%
年龄段	6—17 岁	26%	90%
	18—34 岁	51%	89%
	35—54 岁	45%	79%
	55 岁及以上	26%	48%

数据来源：澳门互联网研究学会：《第十八次澳门居民互联网使用年度调查报告》，2018 年。

（三）社交沟通需求

在社交沟通渠道方面，澳门网民使用率最高的是微信（74%），其次为Facebook（62%），再次为论坛、讨论区（28%）。此外，也有一成多（14%）网民开始使用网络直播（见图 1 - 5）。

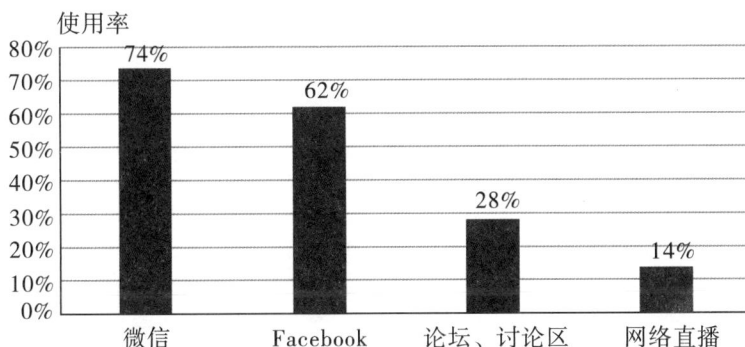

图 1 - 5　2018 年澳门网民的社交沟通渠道使用情况

数据来源：澳门互联网研究学会：《澳门居民互联网使用趋势报告》，2018 年。

2018 年，微信已成为澳门网民中最受欢迎的功能性社交媒体，微信在提供信息、沟通互动和提供服务等方面扮演了重要的角色。

从用户比例来看，92% 的澳门网民使用微信，这一比例高出内地的微信用户比例近 30%[1]，也超过澳门网民使用 Facebook 的比例（18%）。并且，有 85% 的澳门网民每天不止一次使用微信，青年网民（18—34 岁）的微信使用率（96%）最高（见图 1 - 6），几乎每个澳门青年每天使用微信的时长都超过 80 分钟。

---

[1]　中国互联网络信息中心：《中国互联网络发展状况统计报告》，2018 年，http://www.cnnic. net. cn/gywm/xwzx/rdxw/20172017_7047/201808/P020180820603445431468. pdf。

年龄段

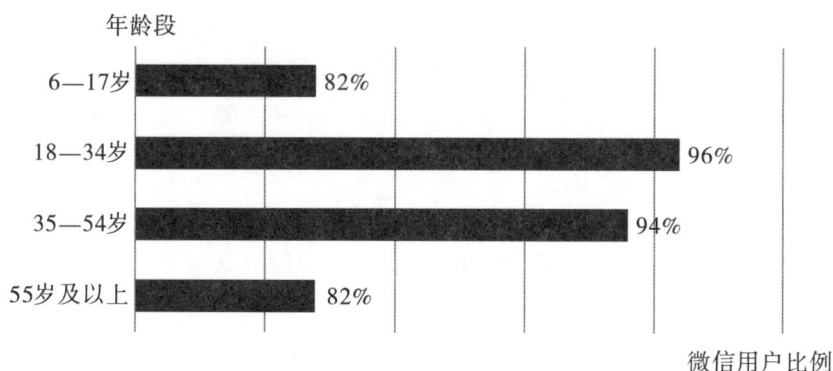

微信用户比例

图 1 - 6　2018 年澳门各年龄段网民微信使用情况

数据来源：澳门互联网研究学会：《第十八次澳门居民互联网使用年度调查报告》，2018 年。

从微信功能使用情况来看，文字信息（87%）和语音短信（75%）两项社交沟通服务，是澳门微信用户使用率最高的功能。此外，公众号阅读（55%）、朋友圈（44%）两项资讯获取服务也有一定的用户使用率。其中，2018 年，澳门微信用户浏览微信公众号的比例提升至 53%，比 2017 年上升 5%，这在一定程度上反映了澳门网民对微信的使用需求正在从纯粹的社交沟通向资讯获取转变（见图 1 -7）。在使用微信公众号的澳门网民中，有 28% 的用户关注了澳门特区政府部门的公众号，如教育暨青年局、民政总署、财政局、旅游局和澳门治安警察局等。

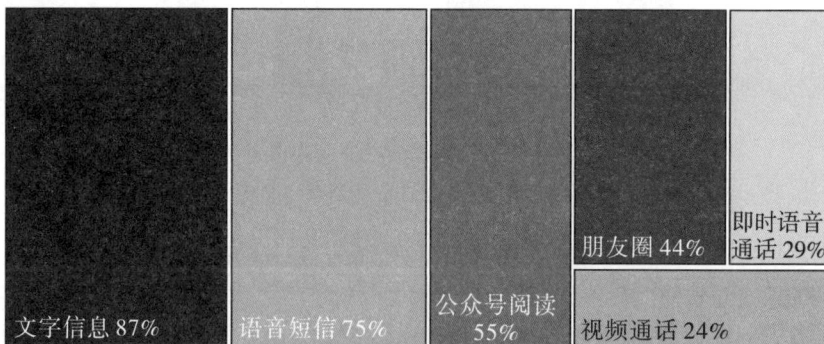

图 1 -7　2018 年澳门网民的微信功能使用情况

数据来源：澳门互联网研究学会：《澳门居民互联网使用趋势报告》，2018 年。

与微信偏重的社交功能不同，澳门网民对 Facebook 的使用更集中在话题讨论和互动方面，57% 的网民透露自己在使用 Facebook 的群组/专页，其中青年人尤为明显，有 68% 的青年人使用 Facebook 群组/专页，显著高于中年群体

（47%）和老年群体（38%）（见图 1 - 8）。

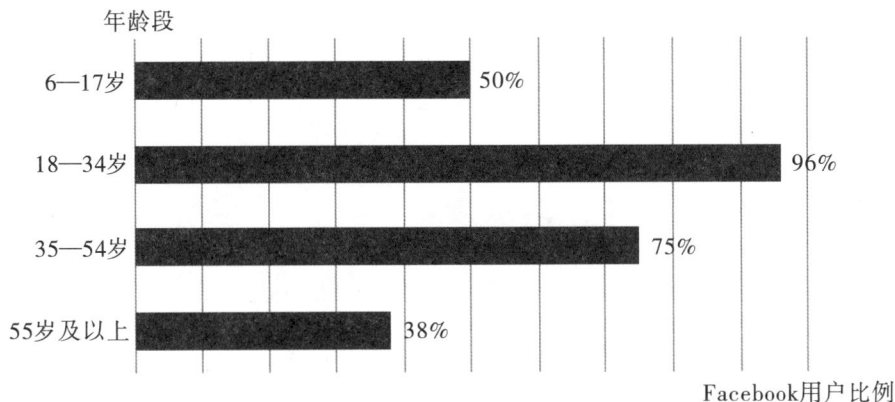

图 1 - 8　2018 年澳门各年龄段网民 Facebook 使用情况

数据来源：澳门互联网研究学会：《第十八次澳门居民互联网使用年度调查报告》，2018 年。

　　而在 Facebook 中有一项群组/专页功能，这些社交媒体群组/专页关注的热点相对统一，能吸引一群具有共同兴趣或爱好的网民，且网民忠诚度高。目前，较多澳门网民关注了澳门高登起底组（12%）和澳门道路讨论区（5%）。并且，此类 Facebook 群组/专页内的网民可以随时发表意见、转发或评论，互动性和传播力强。具体而言，有 69% 的网民在使用 Facebook 群组/专页时，会使用点赞或其他表情功能；有 48% 的网民会分享或转载；41% 的网民会评论或回复；有 19% 的网民会参加或接受活动邀请，还有 14% 的网民会发表原创文章、图片和视频等（见图 1 - 9）。总而言之，有 85% 的 Facebook 群组/专页网民会有进一步的互动行为。

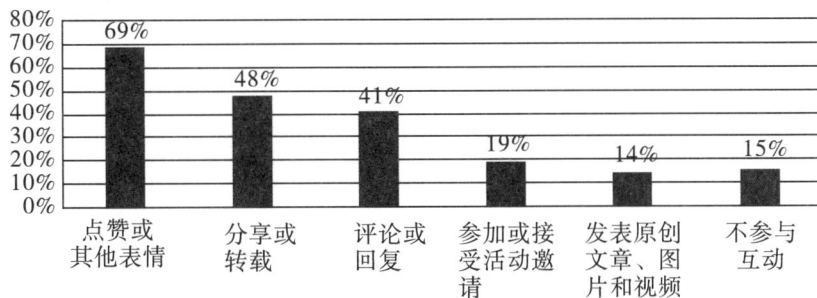

图 1 - 9　2018 年澳门网民 Facebook 功能使用情况

数据来源：澳门互联网研究学会：《第十八次澳门居民互联网使用年度调查报告》，2018 年。

随着微信、Facebook 等社交媒体的兴起，网民对讨论区的使用率下降明显（2007 年讨论区使用率为 60%，2018 年讨论区使用率为 33%）。不过，澳门青年网民仍然是相对活跃的讨论区用户（44%），其使用比例高于中年群体（35%）和老年群体（10%）（见图 1-10）。

年龄段

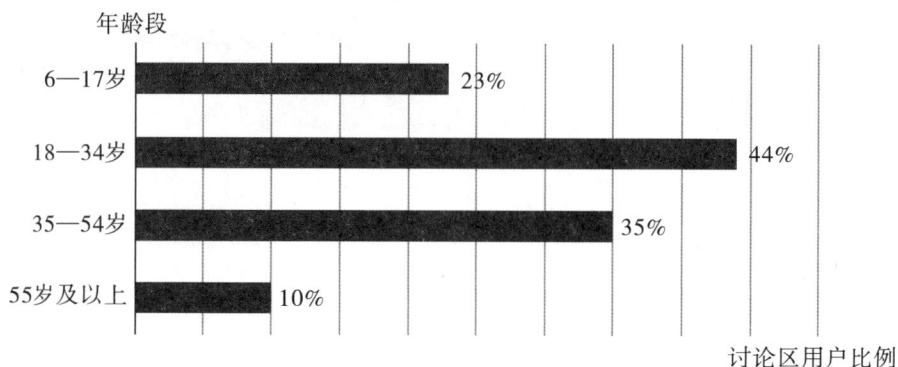

图 1-10　2018 年澳门各年龄段网民讨论区使用情况

数据来源：澳门互联网研究学会：《澳门居民互联网使用趋势报告》，2018 年。

相比其他社交媒体，澳门网民中使用网上直播的比例并不高，仅为 14%。在获取资讯方面，66% 的澳门网民在网上浏览新闻，青年网民和受教育程度高的网民浏览网络新闻的比例超过八成，有 42% 的网民会在网上主动转载新闻评论，其中青年群体的比例为 51%。

纵观澳门社会的互联网使用状况，我们不难发现，作为伴随着互联网发展成长起来的一代"数字原住民"更容易、更倾向于将互联网作为自己认知世界的工具。他们对互联网技术与互联网工具有着先天的好感，并且具备更丰富的计算机知识，更愿意通过互联网进行沟通、获取资讯，并且参与途径多种多样。互联网新技术重构了澳门青年的社会关系，推动了社会青年化的发展进程。

第三节　研究策略：澳门作为案例

在研究策略上，本书整体以案例研究作为研究策略。案例研究具有悠久的历史，从托克维尔（Alexis-Charles-Henri Clérel de Tocqueville）的《论美国的民主》（*De la démocratie en Amérique*），到马林诺夫斯基（Bronislaw Kasper

Malinowski）的《西太平洋的航海者》（*Argonauts of the Western Pacific*），之后经过一百多年的发展，已经成为人文社会科学研究重要的研究取向和研究方法。[①]在方法论意义上，案例研究原本是"对一个事件或一系列相关事件的系统性调查，旨在描述和解释感兴趣的现象"[②]，后来被不断扩大运用，研究对象也不局限于事件，而延伸到个人、组织、群体、社群、地区和国家等，以及与之相关的心理、社会、政治、文化现象等。[③]

案例研究被认为适合于探索有关"如何"（how）和"为何"（why）的问题，特别适合研究者探索现实生活中当下存在的现象，使研究者能够在真实生活事件中掌握全面和有意义的特征。因此，作为一个具体的、独特的、有界的系统，案例研究往往能比较深度地对某一现象和问题提供"丰富而全面的诠释"[④]。相较于定量研究的系统化数据证明和测试优势，定性的案例研究被认为有其独特的优势，"回答探索性的研究问题（寻找与理论有关的潜在关联）；通过详尽的过程了解，生发和培育新的假设性解释关系；凸显在特定条件下的因果机制及其连环作用；处理多因果生成现象"[⑤]。

尽管案例研究往往是通过对单一实践案例的研究凝聚理论与经验，其研究视域却绝不局限于单一实践案例，而是着眼于更具一般意义的行为特征、因果关联和规范原则等，即力求通过具体信息，挖出对一些基本关系、基本原则、基本类别、基本特征和基本行为的认识。换言之，案例研究并不只关心"独特性"，也关心"一般性"以及"独特性"与"一般性"之间的关系，"提问不应仅仅满足于有何特殊性，而是必须指向为何形成特殊性、这些特殊性与一般性的关系、它们具有何种性质和产生条件等"。[⑥]

因此，本书采取将澳门作为案例的研究策略。首先，在具体操作层面，针对具体研究焦点问题，将具体的现实生活现象，如网络劳动、媒介生产、认同表演、社群想象、文化干扰和情感动员等作为具体的案例进行研究，并对每一

---

① 卢晖临、李雪：《如何走出个案——从个案研究到扩展个案研究》，《中国社会科学》2007 年第 1 期。

② Bromley, D. B., Academic Contributions to Psychological Counselling：I. A Philosophy of Science for the Study of Individual Cases, *Counselling Psychology Quarterly*, Vol. 3, No. 3, 1990, pp. 299 – 307.

③ Yin, R., *Case Study Research：Design and Methods*, Thousand Oaks：Sage Publications, 2003.

④ Merriam, S., *Qualitative Research and Case Study Applications in Education*, San Francisco：Jossey-Bass Publishers, 1998, p. 41.

⑤ 张静：《案例分析的目标：从故事到知识》，《中国社会科学》2018 年第 8 期。

⑥ 张静：《案例分析的目标：从故事到知识》，《中国社会科学》2018 年第 8 期。

现象提供丰富的诠释。其次，在整体上以澳门青年的网络文化实践为案例，指向数字时代的青年问题及其文化政治问题，即澳门青年问题整体成为青年研究领域一个既有特殊性经验意义又有一般性理论意义的案例。最后，同时也是最重要的，超越具体问题，把澳门本身作为特殊案例来反观欧美规范理论的知识生产史意义。长久以来，"西方"的研究范式、概念和框架等往往被认为是具有普遍意义的"理论"，而"非西方"则往往只是作为"实证数据"存在，属于从属性的被支配地位。[①] 因此，我们需要有更高的自觉性和批判性去看待这种看似"世界一体的"（the world as one）和"到处都是一样的"（being the same everywhere）的规范性理论框架，其实质是欧美中心主义的知识生产和理论霸权[②]，而我们的主要任务之一就是要大胆地为东方新兴的文化政治实践提供一个可能的概念化地图[③]，这正是"澳门作为案例"并从特殊性到一般性研究的企图心以及最终极的理论关怀。

---

① Chen, K. H., Civil Society and Min-jian: On Political Society and Popular Democracy, *Cultural Studies*, Vol. 17, No. 6, 2003, pp. 877 – 896.

② Chatterjee, P., *The Politics of the Governed: Reflections on Popular Politics in Most of the World*, New York: Columbia University Press, 2004.

③ Chatterjee, P., Community in the East, *Economic and Political Weekly*, Vol. 33, No. 6, 1998, pp. 277 – 282.

第二章

从亚文化到
文化政治

…… ……

联合国教科文组织将"青年"定义为"人的一生中介于童年与进入劳动世界，获得自主能力而成为成人之间的一个固定的过渡时期"[①]。尽管对这个"过渡时期"的具体年龄界定实际上是非常模糊、不统一，甚至是自相矛盾的，但它还是较为准确地指认了青年作为大致处于青春期年龄阶段的存在。因此，当"青年"在 20 世纪上半叶作为一个独立研究对象进入学者视域而发轫成为一个独立研究领域的时候，便被视作一场特殊的"青春期风暴"，表现出突变、恐慌、压力、混乱、骚动和创伤等特征，类比人类进化进程中的过渡阶段，理应受到同情、尊重和欣赏。[②]

塔尔科特·帕森斯（Talcott Parsons）和什穆埃尔·艾森斯塔德（Shmuel N. Eisenstadt）等人都将青年时期视作儿童向成人过渡的青春期（adolescence）阶段。为此，帕森斯还特别创造了"青年文化"（youth culture）的概念，以进一步强调青年并不仅仅是从依赖性童年阶段向独立性成年阶段过渡的教育过程和年龄问题，也是一个"有很大压力和不安全感的阶段"，因此需要我们更好地界定并阐释这种特定的青春期文化。帕森斯发现，处于青春期的青少年往往会围绕性别角色、异性社交、享乐消费、性魅力和形体等建构自己的价值观和生活方式，比如男孩关注自己是否是"酷哥"（swell guy），而女孩关注自己是否是"美眉"（glamor girl）。因此，帕森斯认为，这种青年文化在青春期阶段"会起到重要的积极作用，有助于舒缓从安全的家庭童年期向完全成年期的婚姻和职业中所面临的剧烈过渡。而且，也提供了一个特殊的视角让我们理解青年的生活方式、社会行为和角色认同，以及其与代际关系、家庭地位和社会责任等其他社会文化因素之间的相互关系。"[③]

---

① 邓蕾：《青年研究的文化之维：何以可能？何以可为？》，张恽、刘宏森主编：《青年研究：新视野、新问题和新方法（2016—2020）》，上海：上海交通大学出版社 2017 年版，第269 页。

② Hall, G. S., *Adolescence*：*Its Psychology and Its Relations to Physiology*, *Anthropology*, *Sociology*, *Sex*, *Crime*, *Religion and Education*, Vol. 2, New York：D. Appleton, 1916.

③ Parsons, T., Age and Sex in the Social Structure of the United States, in T. Parsons, eds. *Essays in Sociological Theory*, New York：Free Press, 1954.

第一节　青年亚文化研究

前期这些开拓性的青年研究的最大贡献是开创并扩展了对青年个体和群体的研究范围，并发展出一条青年文化的研究路径。但是，青年终究不只是一个年龄阶段，而是一个历史、社会、文化形成和建构的社会群体类别，特别是工业化和现代化进程的产物。因此，其他学者也从不同的理论视角和不同的研究方法，在更成熟的学科视域内探索青年问题，而首先将其系统化和学科化的便是影响深远且成果卓著的芝加哥学派（Chicago School）。

一、芝加哥学派

20 世纪 20 年代以来，美国第三大城市芝加哥出现了诸如过度城市化、移民涌入、贫富悬殊、失业严重、环境恶化和犯罪频发等一系列问题，这给社会治理和学术研究提出了挑战，也带来了机遇。成立于 1892 年的芝加哥大学社会学系，在 1915 年开始全面介入这些现实问题的研究，特别是如何从不同个体和群体的心理、道德和行为等不同层面的失序问题中探寻现实的社会失序问题。具体操作上，他们往往从城市移民、贫困阶层和犯罪青少年等具体社会群体切入，关注城市化进程中的"边缘人"及其"越轨行为"，涌现出一批后续在学界产生了深远影响的学者和研究。

比如，芝加哥学派早期重要代表人物威廉·托马斯（William Thomas）便通过对美国的波兰裔移民的民族志研究，与弗洛里安·兹纳涅茨基（Florian Znaniecki）一道，以五卷本巨著《身处欧美的波兰农民》（*The Polish Peasant in Europe and America*）①，对当时的欧美移民问题进行了细微的考察，并通过这一独特棱镜洞察当时美国的整体社会问题。托马斯通过扎实的田野调查，阅读了

① Thomas, W. I. & Znaniecki, F., *The Polish Peasant in Europe and America*: *Monograph of an Immigrant Group*, Vol. 2, Chicago: University of Chicago Press, 1918.

大量的一手资料，如私人书信、新闻报道、影像图片和祷告词等，借以了解波兰裔移民的经历故事、文化传统、情感态度和价值信仰等，继而探寻其当时的社会心理、社会人格和社会价值等。在此基础上，托马斯还建构了"情境定义"（definition of the situation）和"社会解体"（social disorganization）等概念和理论，来解释当时美国社会如何以惊人的、戏剧化的方式进行社会解体，即现有的社会行为准则难以再影响和规范各种社会团体和个体成员，而且这种解体是与具体的"情境"特别是地理位置紧密关联的。换句话说，一个人的住宅位置，与其个人特征一样，是影响该人后来参与非法活动的可能性的重要决定因素。托马斯的研究和理论解释了当时的贫困青年犯罪问题，即来自贫困社会的青年在社会解体、社区解体、家庭解体的特定社会和文化情境下会更容易走上犯罪道路。

尽管托马斯的研究没有完全聚焦于青年问题，但他却为美国的青年研究开创了学科先河，并奠定了理论和方法论基础，影响了后续社会学芝加哥学派的其他许多学者。其中最重要的人物是芝加哥大学社会学系后来的系主任、芝加哥学派核心思想的奠基人罗伯特·帕克（Robert E. Park）。1914 年进入芝加哥大学社会学系之后，帕克把芝加哥当作一个社会实验室，通过收集、归纳和分析芝加哥城市生活的方方面面的一手材料，去探索当时新兴的都市文化，及其带来的社会解体与重组的敌对、冲突、适应和同化的不同阶段。同样，帕克和他的同事、博士研究生等也都是从具体的城市"边缘人"入手进行研究，比如少数族裔、非法团伙、贫民窟居民、职业妓女和舞女、自杀者、吸毒者等，具体考察他们的日常生活、交际隔离和冲突调控等，并进一步发展社会解体理论等。相对于托马斯，帕克等人开始更重视当时非主流的青年群体及其种种越轨行为，其中米尔顿·戈登（Milton M. Gordon）和阿诺德·格林（Arnold W. Green）等人更是开始自觉地使用"亚文化"（subculture）的概念来考察当时的青年实践及其构成和意义变化，并将"青年亚文化"发展成为与占据主导性和支配性地位的主流文化分庭抗礼的文化亚区域，同时也逐渐成为一个学科化的成熟的研究领域。①

其中，首先作出突出贡献的便是威廉·福特·怀特（William Foote Whyte）

---

① Gelder, K. & Thornton, S., *The Subcultures Reader*, London and New York: Routledge, 1997.

及其重要著作《街角社会：一个意大利人贫民区的社会结构》（*Street Corner Society*：*the Social Structure of an Italian Slum*）①。怀特基于民族志研究方法，在1936—1940 年期间，对波士顿北区的科纳维尔意大利贫民区进行了扎实的田野调查，特别是通过自己的参与式观察，翔实而生动地记述了闲荡于街头巷尾的意裔青年的日常生活方式和组织行为方式，同时富有洞察地分析这些生活方式和行为方式背后的阶级附属感和街角文化等。通过对街角青年和街角文化的考察，怀特不仅呈现了贫民区青年无序、松散、无组织的状态，以及贫民区神秘、危险、令人忧虑的氛围，还以此为基点，揭示了贫民区青年非正式组织的内部结构和协作方式，并以此理解当时美国的社会结构。

怀特之后，针对美国青年越轨行为研究的另外两位比较重要的学者是艾伯特·科恩（Albert Cohen）和霍华德·贝克尔（Howard Becker）。科恩的著作《越轨男孩：帮伙文化》（*Delinquency Boys*：*the Culture of Gang*）② 聚焦底层青年"非功利、恶意性和消极"的越轨亚文化，即底层青年为了解决其被主流社会排斥到边缘地带而造成的"地位挫败"（status frustration）苦恼，反叛性地选择与主流中产阶级价值观相反的文化要素，比如即时享乐、荒废学业、破坏财产甚至暴力侵犯等，通过这种"问题解决"（problem-solving）减轻自己的挫败感。贝克尔的《局外人：越轨社会学研究》（*Outsiders*：*Studies in the Sociology of Deviance*）③ 也聚焦越轨青年和越轨文化，特别是基于符号互动理论（symbolic interactionalism），进一步发展阐述了贴标签理论（labeling theory），即所谓的"越轨"并不是天生的，而是社会群体互动的产物；不管是越轨人群还是越轨文化，都是特定社会群体特别是社会强势群体造成的。因此，"越轨"并非因为所谓的越轨者自身的越轨，更非越轨者的人群性质，而是因为被其他强势群体惩罚性地贴上"越轨"标签才成为越轨行为和越轨者。尽管科恩和贝克尔的研究都引起很多争议甚至诘难，但还是成为后续青年研究的重要基础并持续发展。

尽管芝加哥学派的研究已经年代久远并与当下的青年研究有较大的隔阂，但是其学科化的奠基性贡献影响至今，不可磨灭。特别是芝加哥学派开创性地通过对特定的"越轨"青年的民族志研究，提出了许多富有可能性的理论概念

---

① Whyte, Foote, W., *Street Corner Society*：*The Social Structure of an Italian Slum*, Chicago：University of Chicago Press, 1943.

② Cohen, A., *Delinquent Boys*, New York：Free Press, 1955.

③ Becker, H., *Outsiders*：*Studies in the Sociology of Deviance*, New York：Macmillan, 1963.

和解释框架，在理论和方法论上都对后续青年研究产生启发性影响。不过，芝加哥学派的研究总体上过于强调外部因素的结构性影响，比如城市环境、社区位置和社会结构等对青年个体的决定性影响，而对其个体主观能动性等缺乏深入的肯定和研究。同时，芝加哥学派的研究总体上是以社会学视角切入青年文化研究，擅长于揭示社会的结构性影响，但对青年文化实践的政治语境和政治意义等都缺乏深度阐释，这些都为后续研究留下相应地较大的发展空间。

二、伯明翰学派

20 世纪 60 年代开始，特别是随着 1964 年英国伯明翰大学"当代文化研究中心"（Centre for Contemporary Cultural Studies，CCCS）的成立，青年文化研究的重心开始从美国转移到英国，使当代文化研究中心成为青年亚文化研究的新阵地，形成了所谓的"伯明翰学派"，成为当代青年研究的一个里程碑。伯明翰学派某种程度上可以说是芝加哥学派的继承和超越，一方面充分借鉴了芝加哥学派的研究立场、问题意识和研究方法，特别是其对越轨青年的亚文化行为的关注以及基于人类学和社会学的民族志研究方法；另一方面又深扎于英国本土的马克思主义学术传统，同时还借鉴结构主义和符号学的理论方法，超越芝加哥学派的功能主义传统，并将研究领域从亚文化扩展到流行文化、大众文化、大众传媒、劳动就业、种族、教育、阶级、性别，甚至是日常生活本身，在更广阔的社会政治语境下考察青年的各种实践行为，特别是其象征符号实践的成因、形式和意义。而这一切研究主要是基于当代文化研究中心成立之后 20 年时间所聚集的一批有影响力的文化研究学者，如理查德·霍加特（Richard Hoggart）、菲尔·科恩（Phil Cohen）、斯图尔特·霍尔（Stuart Hall）、约翰·克拉克（John Clark）、保罗·威利斯（Paul Willis）、迪克·赫伯迪格（Dick Hebdige）、安吉拉·麦克罗比（Angela McRobbie）等，他们在青年研究的对象、领域、理论和方法上都取得了一系列突破性发展，将青年研究推向一个高峰。

比如，霍加特作为当代文化研究中心的第一任主任，便对青年亚文化研究乃至英国文化研究作出了奠基性的贡献。其重要作品《识字的用途》（*The Uses of Literacy*)[1] 不仅考察了当时对工人阶级有巨大影响但又粗制滥造的大众文化和大众传媒，还特别批评其对当时新兴的青年亚文化的消极影响。霍加特认为在这样的大众文化和大众传媒中诞生的青年亚文化脱离了其自身的文化传统，又无法建立起自己的文化，而只能比较片面地接受外来文化的糟粕。因此，霍加特对英国当时新兴的青年亚文化总体持批判的态度，而对传统的工人阶级文化给予了高度评价。

另一个同样关注工人阶级文化，特别是工人阶级青年群体的伯明翰学派学者是科恩，他特别突显工人阶级青年的阶级属性，并把这种阶级属性发展为考察青年亚文化的重要指标。具体而言，科恩基于民族志研究方法，观察了伦敦工人阶级社区新兴的朋克族、油脂族和光头仔等青年亚文化实践，并探讨这些工人阶级青年如何通过这些亚文化实践，试图表达其与工人阶级父辈文化乃至中产阶级文化的矛盾和决裂。[2] 通过这种阐释性研究，科恩尝试把青年亚文化实践放置于当时的整个历史和社会结构中去考察，特别是分析其与经济状况、父辈文化、同辈反应之间复杂而细致的关系，最终通过这种阶级的结构属性超越青年的世代属性。

同时期的威利斯也对工人阶级青年研究作出了巨大贡献，特别是其经典著作《学做工：工人阶级子弟如何继承父业》（*Learning to Labour：How Working Class Kids Get Working Class Jobs*)[3]，透彻精辟地对工人阶级子弟"小伙子"的反叛性阶级文化进行研究，特别是其对学校主流文化的反叛如何吊诡地促成其自身的阶级再生产问题；换言之，工人阶级子弟之所以继承父业，不完全是社会结构再生产的产物，同时也是其自身阶级再生产的产物。威利斯后续的其他著作，如《世俗文化》（*Profane Culture*）和《大众文化》（*Common Culture*），也都关注到各种青年亚文化，如摇滚族、嬉皮士和摩登族等，并在某种程度上为青年亚文化正名。为此，威利斯还提出了"同构"（homology）的概念，批评当时的社会主流把亚文化看作是一种乱七八糟的流行文化，没有看到其内部结构表现出来的有条不紊、有机联系和相符一致的特征，这不仅是青年理解他们

① Hoggart, R., *The Uses of Literacy：Aspects of Working-class Life，with Special References to Publications and Entertainments*, London：Chatto and Windus, 1967.

② Cohen, P., Subcultural Conflict and Working-class Community, *Rethinking the Youth Question*, London：Palgrave, 1997, pp. 48–63.

③ Willis, P., *Learning to Labor：How Working Class Kids Get Working Class Jobs*, New York：Columbia University Press, 1977.

所生存世界的方式，也是通过这种文化实践及其生产方式、意义和意识形态对整个社会结构作出的回应。

除了上述卓有成就和贡献的文化研究者，伯明翰学派最具代表性的学者同时也是集大成者为斯图尔特·霍尔，他在 1968—1979 年长达 11 年间担任当代文化研究中心的主任，把伯明翰学派真正带进繁盛期。尽管霍尔本人有许多创造性的概念和理论，但他对青年亚文化研究领域的贡献并不在其某部特定的专著，而是其以掌舵者和领航者的身份带领伯明翰学派以集体成果而非个人研究的形式，产出了一批具有批判性、论争性和挑战性的著述。比如，代表性的成果《通过仪式抵抗：战后英国的青年亚文化》（*Resistance through Rituals：Youth Subcultures in Post-war Britain*）① 便集合了当时当代文化研究中心几乎所有的重要文化研究者，综合调动了阶级、种族和性别等理论视角，并在更大的社会政治语境中，考察青年如何被命名、被标签化、被刻板定型，及其带有怎样的阶级色彩、代际冲突、性别差异和种族特色，又蕴含着怎样象征性的政治反抗意义。他们认为，这种反抗意义集中了青年亚文化的符号化表现形式和具体展演形态，比如音乐、俚语、服饰和仪式等，也就是所谓的"仪式抵抗"的"风格"（style）。借由"风格"，即风格化的活动，青年得以借由特定的生活方式和文化实践形成结构清晰的集体身份，并通过种种"入世"方式，影响社会的整体风格。基于对青年亚文化的积极态度，他们深入地挖掘了青年亚文化的政治性、阶级性和反抗性，特别是对支配性的主流文化霸权的挑战、抵抗和反叛，并提醒和警惕其面临的主流文化和商业文化的"收编"（incorporation）的企图。伯明翰学派的青年亚文化研究视野更加广阔，勾连了大众文化、大众传媒、多元文化、阶级问题和种族特色等更深远的社会政治语境，实际上并不局限于青年亚文化本身，而是将其视作社会最具活力的一种文化表征，借以洞察一个时代的风格问题。②

在芝加哥学派开创性的青年研究的基础上，伯明翰学派做出了更多富有创造性和想象力的研究，特别是借由将青年研究从代际模式转向结构模式，使青年研究这一新兴、新锐的研究领域得到国际学界的普遍认同，并激励后进学者

---

① Hall, S. & Jefferson, T. eds., *Resistance Through Rituals：Youth Subcultures in Post-war Britain*, Vol. 7, London：Psychology Press, 1993.

② Hall, S. & Jefferson, T. eds., *Resistance Through Rituals：Youth Subcultures in Post-war Britain*, Vol. 7, London：Psychology Press, 1993.

进一步探究青年的文化政治问题。但是，伯明翰学派的青年研究也有其不可避免的局限性，特别是在青年文化的政治潜能的问题上，20 世纪 80 年代以来就遭受到来自内部和外部的质疑声音，认为其对青年亚文化"革命性"的政治抵抗潜能寄予了过高的政治热情和政治期待，甚至有过度阐释的嫌疑。[①] 这实际为我们后续在新的社会政治和信息科技背景下重新思考青年的文化政治问题早早地埋下了伏笔。

三、后亚文化研究

尽管伯明翰学派为青年亚文化研究作出了巨大贡献，但因为一系列主客观原因，其自 20 世纪 80 年代已经式微，进入了所谓的"后伯明翰学时期"。一方面，随着霍尔在 1979 年离开，当代文化研究中心继任主任调整研究方向，伯明翰学派在青年亚文化研究领域的影响力便日渐衰落，而 2002 年当代文化研究中心的裁撤则正式宣告伯明翰学派辉煌时期的结束。另一方面，随着 20 世纪 80 年代以来新自由主义的盛行、消费文化的泛滥、阶级政治的衰落，伯明翰学派传统的阶级和种族亚文化等解释框架遭受挑战，亟须新的理论视角和研究范式，于是出现了所谓的"后亚文化理论"（post-subcultural theory）和"后亚文化研究"（post-subcultures studies）。[②]

后亚文化研究学者深受后现代主义思想的影响，认为一切坚固的东西都已烟消云散，原本芝加哥学派和伯明翰学派所看重的亚文化群体（比如"越轨"青年和工人阶级子弟等），某种程度上都失去了其原本自身所依附的社会基础，甚至原本隐含的所谓主流文化/次文化、中心/边缘、规范/越轨、真实/虚拟、全球/在地、商业/独立、抵抗/收编等一系列二元假设和分析框架都已经被极度混杂的社会和快速变异的时代动摇和消解。因此，后亚文化研究开始拒绝相对更坚固甚至更本质性的阶级、种族、性别、世代等研究视角，而更倾向于去捕捉自发性、短暂性、流动性、混杂性、多元化、碎片化、飘忽不定、时隐时现、

---

① Hebdige, D., *Subculture: The Meaning of Style*, London: Routledge, 1979.

② Muggleton, D. & Weinzierl, R., *The Post-subcultures Reader*, Oxford & New York: Berg publishers, 2003.

诡异多变的"流动身份"①，涌现出一批优秀的后亚文化研究学者如史蒂芬·雷德黑德（Stephen Redhead）、萨拉·桑顿（Sarah Thornton）、戴维·玛格尔顿（David Muggleton）、安迪·班尼特（Andy Bennett）、本·马尔本（Ben Malbon）等，并发展出了"新部落"、"亚文化资本"（subcultural capital）、"生活风格"（lifestyle）、"场景"（scene）、"通道"（channel）和"亚通道"（subchannel）等新的理论概念。

比如，班尼特②和马尔本③等人基于迈克尔·马弗索里（Michael Maffesoli）的"部落主义"理论（tribalism），特别是其"新部落"（neo-tribe）的概念，重新思考青年与风格、品味、认同等的关系。马弗索里在其重要著作《部落时代》（The Time of Tribes）描绘了一个新的部落主义的世界，一方面是传统大众社会的解体以及极端个人主义的崛起，另一方面是大众个体以一种反向运动的方式重新建构他们的社交世界，即不依赖体制、机构和阶级等新近的集体形式，而是回到原始的"部落"形式，一群人由于特定原因选择在特定时间段内"结合"（bond）在一起，"没有我们以往熟悉的组织形式的僵化；它更多地指某种氛围、某种心态，而且更适合通过那些有利于显现和形构的生活方式进行表达"④。后来，凯文·赫瑟林顿（Kevin Hetherington）在其著作《认同表达：空间，表演与政治》（Expressions of Identity：Space，Performance and Politics）中进一步阐释和扩展了马弗索里"新部落"的概念，认为这是对后现代社会的破坏与分裂的反映，是一种"情感社群"（communities of feeling），人们借此找到自己的身份归属，也进行自己的身份表演。⑤

班尼特便使用这一概念并将其具体运用到"俱乐部文化"（club culture）下的舞吧场景中，对英国青年的舞蹈音乐进行实证研究，指出不同种族、阶级、性别的青年人实际可以围绕特定风格的爱好、娱乐、快感、审美等临时性地、短暂地结合在一起形成一个集体联合的"新部落"。班尼特认为，青年的音乐

①　Hutnyk，J.，Critique of Exotica：Music，Politics and the Culture Industry，London：Pluto Press，2000.

②　Bennett，A.，Subcultures or Neo-tribes? Rethinking the Relationship Between Youth，Style and Musical Taste，Sociology，Vol. 33，No. 3，1999，pp. 599–617.

③　Ben，M.，Clubbing：Dancing，Ecstasy，Vitality，London：Routledge，2002.

④　Maffesoli，M.，The Time of the Tribes：the Decline of Individualism in Mass Society，London：Sage，1996.

⑤　Hetherington，K.，Expressions of Identity：Space，Performance，Politics，London：Sage，1998.

品位和风格偏好已经不是如亚文化所坚持的那样与社会阶级问题联系在一起，而是在其后现代生活方式中浮现出来，其身份认同不是"给定的"（given）而是"建构的"（constructed），不是"固定的"（fixed）而是"流动的"（fluid），归根到底体现了一种新的"社会性"（sociality）而不是一个固定的亚文化群体。① 马尔本同样也运用"新部落"探索 20 世纪 90 年代后期的英国俱乐部文化和空间，包括俱乐部成员之间的社交互动，俱乐部空间内的音乐、性别与性行为等问题，以及俱乐部参与者在俱乐部内的个体体验和自我阐释等有趣行为。马尔本也进一步结合了马弗索里强调的"社会性"概念，强调俱乐部文化的日常生活的社会性实践，特别是其如何在具体的社会生活中保持"弹性的、协商式的、重叠的形态"。② 班尼特和马尔本聚焦的这种俱乐部文化都强调流动的、离散的、社会的、当下的爱好、品味和审美等，而拒绝了更稳定的、固定的、过去的或者将来的种族、阶级和性别等传统区分维度，以此重新思考和质疑"亚文化"概念在当时的适用性和合法性。他们和同时代的其他学者开始尝试重新概念化或者命名其时代的青年文化实践，从开始尝试性的"部落文化"③，逐渐发展成为比较有影响力的"后亚文化研究"领域。

在这一新兴研究领域，除了富有生命力的"新部落"概念，其他有深远影响的概念还包括"亚文化资本""生活风格"和"场景"等。同样着眼于"俱乐部文化"，桑顿基于皮埃尔·布尔迪厄（Pierre Bourdieu）的"文化资本"（cultural capital）概念提出了"亚文化资本"的概念，借以指涉"酷"青年群体的"区隔"（distinction）实践，特别是他们对所谓"主流"文化的贬低以及对另类文化的自我价值化以形成品味感和归属感。通过"亚文化资本"的概念，桑顿实际揭示了青年种种"颓废"或者"玩酷"的"品味文化"（taste culture）的深层文化经济逻辑，在这个意义上，原本具有积极意义的青年亚文化在新自由主义的大浪潮下，实际被吸纳成为消费主义下的一个文化产业链来生产和消费，而青年群体只是在各种"场景"（俱乐部、夜总会、酒吧等）追

① Bennett, A., Subcultures or Neo-tribes? Rethinking the Relationship Between Youth, Style and Musical Taste, *Sociology*, Vol. 33, No. 3, 1999, pp. 599 – 617.

② Ben, M., *Clubbing*：*Dancing*, *Ecstasy*, *Vitality*, London：Routledge, 2002.

③ Readhead, S., *From Subcultures to Clubcultures*：*An Introduction to Popular Cultural Studies*, Oxford：Blackwell, 1997.

逐其"亚文化资本"以保持自身的意义感和归属感。① 大卫·钱尼（David Chaney）②、斯蒂文·迈尔斯（Steven Miles）③ 和班尼特等人则将马克斯·韦伯（Max Weber）的"生活风格"概念运用到20世纪90年代的青年研究中，考察商业消费、文化消费等"生活风格"对青年亚文化实践及其身份认同建构的重要性。斯特劳④ 和桑顿则突显超越地域性、空间性的"场景"概念，并强调场景的暂时性和变动性以区别于传统相对较固定的"阶级"概念。

后亚文化研究随着新自由主义的盛行、消费文化的泛滥和阶级政治的衰落而迅速崛起。其针对伯明翰学派研究的局限性，在提出挑战的同时，也有效地提出了一系列更有现实适用性的新概念。后亚文化研究者基本坚持后现代主义立场，看到的是一个更碎片、差异、多元、杂糅和矛盾的青年文化实践，而且这种文化实践在带来社会时尚的同时，也在逐渐丧失其抵抗功能并逐步被主流文化收编纳入消费主义社会之中。随着纷繁复杂的新媒体时代的来临，后亚文化研究的"新部落""生活方式"和"场景"等理论概念进一步延展去阐释全球网络时代的文化符号消费、虚拟社群身份和日常生活抵抗等。但是，后亚文化研究某种程度上过度放大了青年后亚文化实践的经济面向，忽视或者边缘化了其文化实践的政治面向。而且，21世纪的网络场景与19世纪的俱乐部和夜总会等场景毕竟有巨大的语境差异，因此，上述后亚文化研究理论概念也开始暴露出解释力不足的问题。

第二节　文化政治：重返传统视角

上述研究综述显示，青年文化实践作为社会最具活力的一种文化表征，经

---

① Thornton, S., *Club Cultures：Music, Media, and Subcultural Capital*, Middletown：Wesleyan University Press, 1996.

② Chaney, D., *Lifestyles*, London：Routledge, 1996.

③ Miles, S., Towards an Understanding of the Relationship Between Youth Identities and Consumer Culture, *Youth and Policy*, Vol. 51, 1995, pp. 35 – 45.

④ Straw, W., Systems of Articulation, Logics of Change：Communities and Scenes in Popular Music, *Cultural Studies*, Vol. 5, No. 3, 1991, pp. 368 – 388.

过近一个世纪的发展，已经成为一个"成熟"又"充满活力"的研究领域。"成熟"是指其经过几代青年研究学者和学派的努力，已经形成了各种独特的研究视角、理论、方法和范式，在社会科学学界占据了重要的一席之地。"充满活力"是指即使经过了近一百年的发展，青年研究却仍然是一个"新鲜"并持续焕发生命力的研究领域，一直有新的研究问题和理论概念涌现，某种程度上可以说是青年变化太快而青年研究更新太慢。因此，青年文化研究依然是也理应是一个值得继续探索的研究领域。一方面，现有研究的时代局限性和地域性给后续研究留下了巨大的发展空间，特别是不同时代学者和学派对青年文化与政治关系问题的龃龉和交锋，为我们发展出兼顾文化与政治的理论阐释打下了良好的研究基础；另一方面，急剧变化的社会背景，特别是以互联网为代表的信息通信技术的发展，在对传统青年文化研究提出巨大挑战的同时，也提供了源源不断的鲜活经验和素材，给我们提供了更多的研究新视角，让青年文化研究继续"成长"起来。

因此，本书将聚焦"青年震荡"问题，关注数字时代的青年文化政治实践，并对传统青年研究在数字时代的局限作出相应地反思和推进，特别是尝试跳脱传统青年研究"文化—政治"的二元争论。传统青年研究对青年文化的政治意涵有两极化倾向——要么去政治化地看待青年文化实践，甚至将互联网时代的青年政治参与界定为种种幻觉的后政治；要么过度阐释，对青年亚文化寄予了过高的政治热情和政治期待。本书则从"文化政治"的理论视角，重新思考文化和政治的关系，强调文化作为政治的结构、载体和符码本身就表征着复杂的政治问题，因此把文化实践视作政治实践的场域，并从日常文化实践中发掘权力博弈的文化策略。[①]

实际上，"文化政治"视角并不是一个全新的理论视角，而是一个有着深厚理论积淀的研究传统，而且一开始便与上述的青年亚文化研究特别是伯明翰学派有着密切的关系。不过，当初伯明翰学派特别是霍尔等人主要是从文化政治汲取理论资源，而不是将其作为一个独特的理论视角，更多的是出于芝加哥学派把青年文化问题归结为社会问题的不满而努力挖掘文化的政治性，尝试从文化的角度来确定其政治目标并将文化代入政治领域，某种程度上还是一种

---

① Jordan, G. & Weedon, C., *Cultural Politics: Class, Gender, Race, and the Postmodern World*, Oxford: Blackwell Publishers, 1995.

"文化—政治"的二元关系视角。本书希望回到文化政治的本源，挖掘文化意义最终的政治意义，超越"文化—政治"的二元关系框架，将"文化政治"作为一个一体的理论视角，并以此为理论工具，介入新时期的青年文化实践研究。

一、"文化政治"的理论溯源

关于"文化政治"的建制化研究至少可以追溯到 20 世纪 20 年代所谓的"西方马克思主义"（Western Marxism）思潮。在第一次世界大战之后，俄国十月革命虽然取得了胜利，但中欧和西欧的无产阶级革命却遭受了重挫。在这样的历史背景下，当时的马克思主义革命者和学者，如格奥尔格·卢卡奇（György Lukács）、卡尔·柯尔施（Karl Korsch）和安东尼奥·葛兰西（Antonio Gramsci）等开始总结、反思并著述革命失败的原因。作为对俄国十月革命的一种理论反应，这一批马克思主义者却在对革命方式和革命道路的理论理解上与列宁主义分道扬镳，主张要发展区别于"苏联式"的无产阶级革命，并形成一股重新阐释马克思主义的激进思潮，即在理论上从重大的经济政治问题转向意识形态和文化问题。[①]

比如，卢卡奇作为早期"西方马克思主义"的重要代表人物，同时也是被广泛接受的"西方马克思主义"创始人[②]，其著作《历史和阶级意识》（Geschichte und Klassenbewusstsein）在全面探讨和分析马克思主义哲学来源、性质、基础、内容和特征的同时，便特别突显了"阶级意识"（class consciousness）对革命成败和革命道路的决定作用。卢卡奇强调人的主观能动性，甚至认为经济事实是可以因为人的意志和活动而转移的，即无产阶级凭借自身的主观能动性特别是阶级意识，是能够反过来使经济事实适应其意志的；相应地，俄国十月革命的胜利本质上也是因为俄国无产阶级具有强烈的阶级意识、集体意志和革命要求。[③]

柯尔施的著作《马克思主义和哲学》（Marxismus und Philosophie）也同样在

---

① Anderson, P., *Considerations on Western Marxism*, London：Verso Books, 2016.

② ［法］梅洛·庞蒂著，杨大春等译：《辩证法的历险》，上海：上海译文出版社 2009 年版。

③ ［匈］乔治·卢卡奇著，张西平译：《历史和阶级意识》，重庆：重庆出版社 1989 年版。

寻找革命失败的原因并探索可能的革命新道路，并第一次正式提出了"西方马克思主义"的概念。类似卢卡奇对"阶级意识"的强调，柯尔施突显意识与现实的一致性，并认为这才是马克思主义的精髓和中心思想，代表着历史规范的原则，以理解特定历史时期的所有事物。[①] 柯尔施的理论受到当时俄国共产国际理论家的尖锐批判和激烈抨击，但柯尔施并不像卢卡奇一样自我批评，而是坚决回击进行"反批判"，并公开对列宁主义的批评，坚定反对功利地、僵化地理解马克思的意识形态概念。

总体而言，卢卡奇和柯尔施都突显意识，特别是阶级意识和意识形态的重要性甚至是决定性，因此无产阶级革命的首要任务是激发革命意志形成阶级意识，同时抵抗资产阶级的意识形态和资本主义文化。这时候，意识形态批判和文化批判便显得尤为重要，因为要借其消解对革命意志的限制并唤起和形成无产阶级的阶级意识；某种程度上，现实的革命行动便转移到了意识的文化批判上，传统无产阶级革命基础性的经济斗争和政治斗争也相应地转移到了文化斗争上，为葛兰西通过"文化霸权"（cultural hegemony，亦译为"文化领导权"）概念的创造性建构和正式奠定"文化政治"研究基础作了良好的铺垫。

葛兰西当时面对的问题是，马克思预言和预期中的资本主义国家不可避免的社会主义革命并没有发生，在一段时期内，资本主义甚至比先前发展得更好，其统治更为稳固。面对理论和现实的巨大落差，葛兰西需要修正和发展马克思主义理论以更好地解释当时的历史背景和事实。为此，他从列宁关于帝国主义的论述中汲取灵感并加以补充和发展成为一个全新的文化霸权理论，指出资本主义并不单纯依靠经济基础、物质结构甚至暴力机器来进行强制"统治"，而是借助思想文化等上层建筑的影响，建构一种主导的、自然的和规范的文化意识形态从而实现对工人阶级的"领导"，以实现并维持其统治。这时候，葛兰西创造性地把强制和暴力的"统治"与知识和文化的"领导"区分开来，即在现代社会，统治阶级不能纯粹地通过暴力进行统治，而需要依赖其意识形态发展霸权文化，并通过宣传传播其社会价值而使其成为整体社会"常识"，进而获得大众对其领导的"同意"而实现并维持其统治，这就是葛兰西的"文化霸权"的概念。葛兰西还通过考察国家或政治社会（军队、警察和监狱等）以及市民社会（政党、教会、工会、媒体和学校等）的具体运作，特别是前者如何

---

① ［德］柯尔施著，王南湜译：《马克思主义和哲学》，重庆：重庆出版社 1989 年版。

通过教育、法律和媒体传播等对工人阶级进行潜移默化地影响，甚至塑造其虚假意识而占据文化、道德、精神和价值观等方面的领导地位，获取并维持其霸权。通过揭示这种隐秘而强大的文化霸权力量，葛兰西实际是对传统马克思主义强调经济基础决定论而忽视上层建筑作出了必要的修正，这既解释了资本主义的统治并没有消亡，甚至进一步巩固和强化内在文化因素和霸权运作逻辑；同时也为被统治的工人阶级指明了方向，即被统治阶级也能通过其文化实践和霸权结合实现可能的霸权转移。

　　葛兰西为文化政治研究建立的理论框架和话语范式深刻地影响了英国"新左派"学者和文化研究学者。20 世纪 50 年代以来，英国新左派知识分子便开始实践一种"竭尽全力的社会主义"的激进政治，尝试重新定义文化斗争，"文化维度被看作与明确的政治维度同样重要"，并努力挖掘文化本身所具有的政治反抗性。① 以雷蒙·威廉斯（Raymond H. Williams）为代表，新左派学者把文化视作整体的生活方式和整体的斗争方式，并将其开辟为政治斗争的新场域，指明在"工业革命""阶级革命"和"民主革命"之外"文化革命"的新的政治方向，"我知道有一种和文化霸权本身的进程相关的非常重要的工作要做。我认为必须通过持续不断的启智和教育手段，从总体上和细节上打垮资本主义社会产生的意义和价值体系。这是我所说的那种'漫长的革命'的文化进程。我把它称为'漫长的革命'，意思是说它是一场真正的斗争，是有组织的工人阶级争取民主和经济胜利的必要斗争的一部分"②。特别是在 20 世纪 70 年代之后，随着葛兰西理论思想的引入和影响，"新左派"从"文化霸权"理论汲取营养，对其原有的文化理论进行了一定修正，把文化与霸权进一步有机结合起来，把霸权阐释为支配性文化与多元文化和解、协商和共谋之后所领导和控制的一种文化统治结构，"霸权或多或少总是由各种彼此分离的甚至完全不同的意义、价值和实践适当组织结合而成；依赖这些，霸权具体地组构为有意义的文化和有效的社会秩序。这些意义、价值和实践本身体现了经济现实的那些活生生的意志"③。

------

① ［美］丹尼斯·德沃金著，李凤丹译：《文化马克思主义在战后英国》，北京：人民出版社 2008 年版，第 82 页。

② ［英］雷蒙·威廉斯著，祁阿红等译：《希望的源泉》，南京：译林出版社 2014 年版，第 83 - 84 页。

③ ［英］雷蒙·威廉斯著，王尔勃等译：《马克思主义与文学》，郑州：河南大学出版社 2008 年版，第 122 页。

后续伯明翰学派的文化研究学者也秉承了这一理论成果，并将文化政治的理念进一步运用到文化批评实践中，"将新左派文化政治学转变成了在政治上运用的学术研究计划"①。他们在看到社会主导文化和规范对大众文化的结构性影响的同时，也强调大众的能动性，即大众不会简单被动地直接接受主导文化和意识形态的操纵和灌输，而在一定程度上具有能动的文化经验和反霸权支配的主体意识。后续随着反本质主义、解构主义和后现代主义等思潮的兴起，文化政治的理论成果开始进入后现代文化政治研究领域并出现了所谓的后现代转向，关注更加微观的、泛化的政治，"一种后现代的文化政治，其建构在葛兰西、超真实主义者勒费弗尔和境遇主义者的见解基础上，将文化作为一种至关重要的权力和斗争领域而主题化。就社会再生产现在主要在各个文化和日常生活层面的实现而言，在个人成为被全面管理的猎物的情况下，主体性问题、意识形态、文化、美学和乌托邦的思想就具有了一种新的重要性"②。这一后现代的"文化政治"概念后来成为弗里德里克·詹姆逊（Friedrich Jameson）③ 等人分析后现代文化的总纲，指出在后现代的消费社会里，一方面要看到文化实践是对抗或拒绝晚期资本主义的特殊的甚至是唯一的场所和可能，另一方面又要警惕这种后现代的文化政治丧失其激进性而滑入快乐主义、享乐主义和唯美主义等消极甚至危险的境况之中。

二、重返"文化政治"的研究视角

基于上述文献梳理，文化政治不仅是一个有深厚理论积累的研究领域，而且是一个独特的研究视角和发问位置；不仅开辟了生活政治、差异政治、微观政治等更多的政治场域和可能性，而且从一个特定的文化位置发问，追问文化在这一系列场域中的政治作用和启发。比如，格伦·乔丹（Glenn Jordan）和克里斯·韦登（Chris Weedon）便着眼于文化、主体性与权力之间的关系，对当代文化政治进行了一系列的发问："谁的文化应该是正统而谁的文化又应该是次

① ［美］丹尼斯·德沃金著，李凤丹译：《文化马克思主义在战后英国》，北京：人民出版社 2008 年版，第 160 页。

② ［美］斯蒂文·贝斯特、［美］道格拉斯·凯尔纳著，陈刚等译：《后现代转向》，南京：南京大学出版社 2002 年版，第 369 页。

③ ［美］弗里德里克·詹姆森著，陈清侨译：《晚期资本主义的文化逻辑》，北京：生活·读书·新知三联书店 2013 年版。

级的？哪些文化应被视为值得展示，哪些文化应该被隐藏？谁的历史应该被铭记而谁的又应该被遗忘？哪些社会生活形象应该被突显而哪些社会生活形象又应该被边缘化？什么声音应该被听到而哪些又应该被压制？谁基于什么缘由而在代表谁？边缘化和受压迫的人如何能够改变他们的社会地位？"①

因此，本书并不是将"文化政治"直接作为一个研究对象或者研究理论，而是将其作为一个独特的研究视角带入青年研究领域，期望以其作为一种发问位置、发问自觉和发问方式。本书将在现有研究基础之上，特别是在上述传统文化政治研究、青年研究、亚文化研究和后亚文化研究等关注的意识形态、主体、性别、身份、阶级、族裔和地缘等问题基础之上，扩展青年研究及文化政治研究的多维视角，着重关注数字时代新浮现的劳动生产、媒介生产、认同表演、社群想象和情感动员等新问题，尝试在各个新问题下对既有研究有所创新发展。

---

① Jordan, G. & Weedon, C., *Cultural Politics: Class, Gender, Race and the Postmodern World*, Oxford: Blackwell, 1995.

第三章

网络非物质劳动

…　…

传统青年文化研究特别是青年亚文化研究，更侧重于探索青年文化现象及其背后的社会结构等，并阐释这些文化现象特定的"抵抗"和"收编"的意义，但对这些文化是如何通过具体的劳动生产出来的却没有深入研究。即使伯明翰学派［比如威利斯的《学做工》（*Learning to Labour*）］对此有所触及，但更多的是从工人阶级的角度零星探讨到劳动问题，即把劳动问题化约为阶级问题，而不是针对文化生产本质所代表的劳动问题。同理，尽管传统文化政治研究源头是马克思主义，但这些研究对马克思最关注的问题之一即劳动问题却鲜有关注。劳动问题成为青年亚文化研究和文化政治研究共同的一个"盲点"（blind spot），同时也是第一个可能的交汇点。

实际上，对马克思而言，劳动不仅是人以其自身的活动为中介、调整和控制人和自然之间的物质变换的过程，而且指向一个人的身体——活的人体中存在的、每当人生产某种使用价值时就运用的体力和智力的总和，以及环境的改变和人的活动的一致。[1] 因此，在马克思主义的观点下，从根源上理解，劳动范式和交往范式之间实际存在着相互沟通的纽带和桥梁;[2] 换言之，劳动不仅是人类改变环境的物质行为，也包括其改变自身精神、智力和文化等的非物质行为，而且，劳动本身就是这些非物质行为的基础。同时，传统马克思主义关于"劳动解放乌托邦"的论断，也指向了通过劳动探寻政治革命的潜能和动力的可能性，即劳动不仅是文化的基础，而且是政治的可能。[3]

因此，当我们研究青年文化之前，首先需要回到一个根源和原点的问题，即这些文化是如何通过劳动过程、工具和手段生产出来的，又揭示了怎样的政治可能。特别是在数字时代大背景下，青年文化实践往往与网络空间的"用户生产内容"（User-Generated-Content，UGC）紧密相关，其劳动生产问题特别是基于网络的非物质劳动生产问题更为突出。某种程度上，青年网民通过网络非物质劳动生产的用户生产内容，成为数字时代种种青年文化现象的基础性载体，只有在这一基础性载体之上，才有后续的媒介生产、认同表演、社群想象……因此，本章将首先回到这一原点问题，通过澳门案例，探索青年网络文化实践

---

① ［德］马克思著，中共中央马克思恩格斯列宁斯大林著作编译局译：《资本论（第一卷）》，北京：人民出版社 2004 年版，第 207－208 页。

② 汪行福：《〈帝国〉：后现代革命的宏大叙事》，复旦大学当代国外马克思主义研究中心编：《当代国外马克思主义评论（5）》，北京：人民出版社 2007 年版，第 359 页。

③ 曹文宏：《非物质劳动：一个似"马"非"马"的理论命题——基于对哈特和奈格里帝国理论的解读》，《马克思主义研究》2017 年第 2 期。

背后的非物质劳动问题。

第一节 青年非物质劳动的信息资本主义背景

信息革命促成了新的信息经济，而且对资本主义的生产模式、经济基础和政治制度都产生了深刻而且重大的影响。正如丹·席勒（Dan Schiller）指出的，在扩张性市场逻辑的影响下，互联网正在带动政治经济向所谓的"数字资本主义"（digital capitalism）转变。[①] 信息技术产生了革命性的飞跃，成为当代先进科学技术的代表；以信息产业为基础的新经济成为发达资本主义国家的支柱产业；以信息化、数字化、网络化为特征的网络社会已经到来。这种步入信息时代的资本主义也被曼纽尔·卡斯特（Manuel Castells）称为"信息资本主义"（informational capitalism）。他对西方七个发达国家的产业结构变迁进行细致分析，指出这些发达国家已经具备了以下特征：伴随着农业、传统制造业衰退，在服务业日趋多样化的同时，对管理、专业和技术的要求也迅速提高；顶端和底层的职业结构同时增加，并随时间相对升级，其中对高新技术与高等教育职业的需求增加速度比低层次的工作更快。[②]

这些特征也已在澳门特区出现，并预示着澳门特区社会也被逐渐吸纳，成为全球"信息资本主义社会"的接合点。特别是随着博彩业的自由化和市场化扩张，自 2003 年以来，澳门特区博彩业年收益达数百亿澳门元，提供了澳门特区全年 70% ～ 80% 的财政收入，成为主宰澳门特区经济命脉的龙头产业。[③] 博彩业的强势扩张，一方面令服务业、旅游业迅速崛起，但亦抑制了其他本土经济的发展。澳门特区政府乃至中央政府一再强调要"促进澳门经济适度多元化"，积极推动博彩旅游业的垂直式多元化结构建设。这种经济发展战略不仅造就了澳门以博彩业为龙头、适度多元化的经济结构特征，而且也使澳门特区与全球化"信息资本主义社会"对接更为顺畅，促成澳门特区变为一个重要的接

① Schiller, D., *Digital Capitalism*, Cambridge：MIT Press, 1999.

② Castells, M., *The Rise of the Network Society*, Oxford：Blackwell Publishers, 2000.

③ 谭宏业：《论澳门经济适度多元化》，《特区经济》2007 年第 8 期。

合点。

　　同时，"信息资本主义社会"也使澳门特区迅速进入信息化、数字化和网络化的"网络社会"。在本书第一章绪论中，我们已经展现了网络社会的历史发展和现状，特别是澳门青年世代已经是真正意义上的"数字原住民"，他们完全内在于网络或者说网络完全内在化于他们。这种高度数字化、信息化、网络化的网络社会，使澳门青年群体更顺畅地进入了尼古拉斯·尼葛洛庞帝（Nicholas Negroponte）所描述的"数字化生存"（being digital）时代，适应了在网络空间工作、生活、娱乐和学习的全新生存状态和生存方式。① 这种网络社会下数字化生存的生活状态以及其围绕信息网络建立起的社会，消除了工作和家庭、劳动和休闲、经济价值和社会价值之间曾经清晰的界限，新的社会形态也因此诞生。② 这种模糊了工作与家庭、劳动与休闲的生活状态，实际上使澳门青年网民自觉、自愿地参与到了信息生产与消费的劳动生产模式里。过去，工作是工作，休闲是休闲；今天，工作可能是休闲，休闲也可能是在工作，上网可能是一种劳动；当网民在进行娱乐活动的时候，实际上也是在劳动，而且是进行一种免费的劳动。从这一角度来看，澳门青年网民已经不再单纯是网络的消费者，同时也是网络的生产者。在网络社会里，"生产""消费"的界线已经被"生产消费一体化"（produsage）的概念所取代，网民也从传统的消费者转变为新型的"产消者"（prosumer）。③ 这种用户生产内容的 UGC 模式，是 Web 2.0 环境下一种新兴的网络信息资源创作与组织模式，而网民免费的非物质劳动便是维系这一模式的底层逻辑。

　　因此，我们可以看到，为了适应"信息资本主义社会"的发展，澳门网络社会产生了相应地新型劳动力——"非物质劳动"（immaterial labor）。实际上，"非物质劳动""信息资本主义社会"和"网络社会"是三位一体的④，青年网民的"非物质劳动"其实是上述澳门网络社会以及后续种种青年文化生产的基础。因此，本章将重点关注澳门进入"信息资本主义社会"后，澳门"网络社

---

① Negroponte, N., *Being Digital*, New York：Knopf, 1995.

② Bruns, A., *Blogs, Wikipedia, Second Life, and Beyond：From Production to Produsage*, New York：Peter Lang, 2008.

③ Bruns, A., *Blogs, Wikipedia, Second Life, and Beyond：From Production to Produsage*, New York：Peter Lang, 2008.

④ Mosco, V., *The Political Economy of Communication*（2nd ed.）, Thousand Oaks：Sage, 2009.

会"的劳动实践问题，特别是澳门青年网民的网络劳动作为一种"非物质劳动"的具体特征及其体现出来的地方性、特殊性和抵抗性。

第二节　非物质劳动研究及其演化

"非物质劳动"概念源自马克思对于劳动与阶级的研究，但其在迈克尔·哈特（Michael Hardt）和安东尼·奈格里（Antonio Negri）关于"帝国"与"诸众"的研究中占据了显著位置，① 自此才获得了学界的广泛关注。因此，过去20年，非物质劳动成为研究"信息资本主义"和网络社会的一个重要理论视角，其他学者如保罗·维尔诺（Paolo Virno）、拉扎雷托（Maurizio Lazzarato）以及贝拉尔迪（Franco Berardi）也都对此作出了开拓性的研究贡献，并指出非物质劳动对我们理解当前资本主义新形态具有重要作用。正如哈特和奈格里所言，"非物质生产的特征将改变其他所有形式的劳动形式，甚至改变我们整个社会"②。所谓"非物质劳动"，是指"知识型、非物质化和沟通式的劳动"，主要生产知识、信息、交流、关系或者情感。③ "非物质劳动"出现的历史脉络，实际是"后福特时代"（post-Fordist era）经济范式的转变，即从传统农业经济、工业经济向服务业经济转变，是一个服务化、信息化的后现代过程。在这种后现代经济范式之下，处于霸权地位的劳动方式已不再是传统占统治地位的工业化工厂物质生产劳动，而变为富有交流、合作及情感的非物质劳动。

传统的非物质劳动议题，主要包括三个层面：一是工业生产过程信息化，即工业生产融汇了通信技术或者工业生产过程已被信息化的非物质劳动所改造；二是符号创意产业日益兴起而伴随着的知识型、智能型、分析性和象征性的劳动；三是指感情的生产与控制，并要求（虚拟的或实际的）人际交往，即身体模式上的劳动，生产本身变成一种服务，主要是以身体或虚拟形态进行的商业化"情感劳动"（affective/emotional labor）。因此，非物质劳动本质上是劳动者

① ③ Hardt, M. & Negri, A., *Empire*, New York: Harvard University Press, 2000.
② Hardt, M. & Negri, A., *Multitude*, New York: The Penguin Press, 2004.

主体性的生产与再生产，以更适应资本主义的内在变化。具体到互联网场域的"非物质劳动"，或者说"新型网络社会劳动"问题，则既包括传统非物质劳动的问题，又涵盖了网络这一新兴劳动场域中浮现的新型生产方式和文化表达的问题，[1] 还涉及网络"培力"（empowering）和"剥削"（exploitation）的问题。[2] 因为网络非物质劳动的本质，究竟是偏向让人产生培力经验的"参与"之旅，还是滑向资本增值航道从而堕向资本"剥削"，实际上仍是一个很吊诡的问题。因此，正如哈特和奈格里所说，非物质劳动已经成了全球资本主义时代"帝国"的霸权型劳动生产形式，为当代资本主义提供主要动力，同时蕴含着后工业社会普遍存在的自主性、抗争与收编。[3] 资本总是试图将非物质劳动的"自主性"限制在制造利润的要求内，而"抗争"又迫使资本不断采纳新的技术、尝试新的管理形式、拓展新的全球空间，以此"收编"这些抵抗；然而，这一过程又不断造就着非物质劳动新一轮的全新抵抗。[4]

但是，这些关于传统"非物质劳动"的研究，也被后续研究指出其局限性。例如，乔治·卡芬兹（George Caffentzis）批评其过分强调"非物质"，在某种程度上忽视了物质劳动仍然是决定商品主要价值的现实；同时，物质劳动者也仍然是世界工人阶级的大多数，但他们现在却被热衷于非物质劳动概念的学术界边缘化。尼克·戴尔—威西福德（Nick Dyer-Witheford）则质疑"非物质劳动"概念本身就是模糊不清的，因为它试图将太多不同形式的劳动混合在一起，其实质混杂了物质的与非物质的劳动形式。[5] 更大的问题是，这些传统研究往往根植于一个全球资本主义的宏观视角，而缺乏对在地化实践的关注，特别是对非西方世界的关注，有"欧美中心主义"的嫌疑。这种宏大叙事研究，一方面使"非物质劳动"这一概念本身停留在抽象的理论探讨层面而显得模

---

① 冯建三：《传播、文化与劳动》，《台湾社会研究》2010 年第 77 期。

② Dyer-Witheford, N. & Peuter, G., *Games of Empire：Global Capitalism and Video Games*, Minneapolis：University of Minnesota Press, 2009.

③ Lin, Z, Learning to Labour 2.0：How Macau Internet Users Become Immaterial and Affective Labourers, *Asiascape：Digital Asia*, Vol. 3, No. 3, 2016, pp. 167 – 191.

④ Caffentzis, G., Crystals and Analytic Engines：Historical and Conceptual Preliminaries to a New Theory of Machines, *Ephemera：Theory & Politics in Organization*, Vol. 7, No. 1, 2007, pp. 24 – 45.

⑤ Dyer-Witheford, N., For a Compositional Analysis of the Multitude, in Bonefeld, W., ed., *Subverting the Present，Imagining the Future：Class，Struggle，Commons*, Brooklyn：Autonomedia, 2009, pp. 247 – 266.

糊、含混，另一方面也使"非物质劳动"理论由于缺乏充分的在地实证研究而在实际经验世界中的分析力存疑。同时，它们也过于期望乃至浪漫化非物质劳动在"诸众"（multitude）和"帝国"（empire）中的抵抗、反叛、颠覆和解放意义。[①]

这些批判研究对传统非物质劳动研究有所推进，但仍有其局限性。一是大多数仍聚焦于对概念本身的定义、澄清和区分，使非物质劳动研究仍然更多地停留在理论探讨层面，特别是"what 式"问题的探讨，纠结于非物质劳动究竟是什么、有什么意义，而对"how 式"和"why 式"问题，即如何、为何成为非物质劳动的问题还缺乏深入的过程分析和实证研究。二是与其批判对象一样，仍然根植于全球资本主义的宏观视角，缺乏微观视角对在地实践的关注，特别是对非西方脉络经验的关注，使既有非物质劳动研究成为去脉络化的研究，无法在非欧美语境下展现出其独特的解释力。

特别是随着信息科学技术的发展，"信息资本主义"对"非物质劳动"研究及其后续批判研究提出了新的要求。有学者开始研究在数字化、信息化和网络化的新情境下，"用户生产内容""注意力经济"（attention economy）及"受众劳工"（audience labor）等新的非物质劳动问题，特别是关注信息资本主义如何通过这些新的非物质劳动扩大其剥削的范围，"随着信息资本主义的兴起，对公众的剥削已经成为资本积累的核心过程"[②]。这些与时俱进的研究对非物质劳动研究贡献巨大，但总体上传统非物质劳动研究者并没有充分跟进信息化、网络化情境下新的非物质劳动问题。虽然像亚当·阿维德森（Adam Arvidsson）和伊拉诺·科莱奥尼（Elanor Colleoni）、布鲁斯·罗宾逊（Bruce Robinson）、克里斯蒂安·富克斯（Christian Fuchs）、爱德华·科莫（Edward Comor）、马克·安德烈耶夫（Mark Andrejevic）以及马耳他·扎伊茨（Melita Zajc）等人已经在这一细分领域作出了相应地贡献，[③] 但是学者间的分歧仍然很大，比如阿维德森

① Arvidsson, A. & Colleoni, E., Value in Informational Capitalism and on the Internet, *The Information Society*, Vol. 28, No. 3, 2012, pp. 135 – 150.

② Fuchs, C., Labor in Informational Capitalism and on the Internet, *The Information Society*, Vol. 26, No. 3, 2010, p. 190.

③ 曹晋、张楠华：《新媒体、知识劳工与弹性的兴趣劳动——以字幕工作组为例》，《新闻与传播研究》2012 年第 5 期。

和科莱奥尼以及富克斯关于社交媒体的非物质劳动问题曾出现激烈争论，[1] 并引发其他学者的跟进，一起重点讨论了新的社交媒体时代，以及网络非物质劳动的价值创造、情感投资、市场估值、资本积累和金融变现等一系列新问题。这些研究对推进数字时代的"非物质劳动"研究非常有意义，特别是剖析了数字资本主义背景下更复杂的劳动剥削机制。但是，这些研究也有其既定范式和局限，其往往采用自上而下的视角，在宏观层面解释全球互联网巨头如何用新的剥削机制剥削非物质劳动者，即从社交媒体（如 Facebook、Twitter）的视角和资本市场的途径研究非物质劳动；其缺乏一个自下而上的视角，从非物质劳动者个体出发，在微观层面去探索这种新的剥削机制如何具体作用于非物质劳动者本身，以及非物质劳动者又可能有怎样的能动性反抗这种新的剥削机制。

基于上述文献讨论，本章希望在既有研究基础上有所推进，以澳门青年网民的非物质劳动实践为研究案例，提供非欧美经验的、实证式的非物质劳动研究，特别是探究数字资本主义背景下澳门青年网民如何、为何转变成为非物质劳动者，同时也探讨在这一转变过程中网民如何体现其主观能动性。因此，本章将延续网络非物质劳动的研究脉络，深入到"澳门"及其"网络社会"这一特定的情境中，去探索新时期的非物质劳动实践问题，关注澳门青年网民的非物质劳动实践有何具体特征，又表现出怎样的地方性、特殊性和抵抗性。

第三节　劳动剥削：自愿与强迫

自 1995 年澳门正式向公众提供互联网服务开始，澳门网民无论作为本土的 CyberCTM 或 Qoos（酷思网）论坛成员，还是全球的 Facebook 用户、Google 搜索者或 Instagram 粉丝，本质上都是在提供一种非物质"免费劳动"（free labor）。[2] 免费劳动的形式既可以是个体化的、也可以是合作性的。受访者之一 Ban 是澳门颇具知名度的足球运动员，过去 3 年一直在经营自己的 Facebook 专

---

① Jhally, S., *The Codes of Advertising: Fetishism and the Political Economy of Meanings in the Consumer Society*, New York and London: Martin's Press and Frances Printer, 1987.

② Terranova, T., *Network Culture*, London & Ann Arbor: Pluto Press, 2004.

页。他的网上劳动包括上传与自己有关的照片、视频和新闻报道，或者分享生活点滴。这个专页同时有十几位管理员自愿参与运营，彼此分头行动，劳动时间也不固定，只要有管理员看到相关信息就会在专页上分享。喜欢上 Qoos 论坛的 Yan 和 Daisy，参与这个论坛的时间约为 3 年，两人在这个论坛上所付出的劳动主要包括建立相关事项的新主题，将照片以及信息发布到主题内，并回复有关留言。这种免费劳动几乎每天都有，每次大概 30 分钟，一般都是在比较空闲的时间（例如睡觉前）进行。一般的做法就是直接进入论坛，快速浏览一下主题，看到有兴趣的主题就点击查看，接着对有兴趣的留言进行回复、评论，"可能一天都会在线，不管在什么时间什么地方，我们都会进行网络劳动，例如回复话题或者评论"。另一群澳门大学的学生小黄等人则热衷于参与照片分享网站 Instagram 的活动。他们各自拥有账号，劳动内容包括将日常生活拍下来在这个网站上分享，以及追踪其他人的照片、点赞或发表评论。他们进行网上劳动是各自独立的，时间与地点都不固定，"只要有空，就会刷手机，了解信息、发布信息或者评论"。

除了访谈，笔者在田野调查中也观察到，网民原本的劳动与消费、劳动与娱乐的边界已经模糊化，工作与玩乐的关系也产生了变化。正如朱利安（Julian Kücklich）所警示的：当我们进行玩乐时（如玩游戏），工作和玩乐的关系实际上已经发生了变化；休闲娱乐的参与式、创造性游戏娱乐方式，遮蔽了我们作为不稳定的、免费劳工的创造者身份，我们实际上成为一种"玩工"（playbour）的混合体。"玩工"在娱乐的同时提供了一种免费劳动，这种免费劳动表明资本在新型网络社会中进行着新一轮的"圈地运动"，而"玩工"无疑是新型网络劳动的重要组成部分。一方面，得益于智能手机上网的普及，上网活动已不再被网络的覆盖范围所局限，而是充斥于日常生活各个角落，上网时间也呈现分散趋势，我们观察到许多人在学习和工作状态中同时进行娱乐或是社交活动。另一方面，我们看到网络上自愿劳动形式的扩散，而社交媒体（例如网络论坛、Facebook）就是利用使用者的免费劳动来生产价值。劳动者（网民）通常是出于兴趣爱好加入一个 Facebook 群组或论坛讨论区的讨论活动，或者是依附某个组织在网上执行任务从而进行劳动。

从这个角度看，澳门的企业也在吸纳当地网民的非物质劳动模式及产品，使其为企业创造价值。传统的消费者在转变为新型的"产消者"的同时，所有的生产都有被公司汲取利用的可能，互联网促成的合作也可能带来新的剥削。

例如，论坛 CyberCTM 便依赖网民的免费劳动所生产的内容来创造商业价值。在笔者所访谈的对象中，Doris 便在无意浏览论坛的过程中发现了音乐爱好者交流讨论区"角落音乐"，该讨论区除了实时更新音乐明星的动态之外，还会提供国内外歌手和乐团作品的付费下载服务。Doris 所负责的工作是使用 Photoshop 软件修改专辑的原有封面，使其能在网站的首页上正常显示，同时参与这项工作的还包括其他志愿者。在劳动过程中所有志愿者均通过"角落音乐"版主群进行沟通、分配任务。由于这份工作的实时性需要，这些志愿劳动者要保持随时有人 QQ 登录在线。有工作时群主会在 QQ 群里发出通知，但不强行分配，只要谁当时有时间就会接下这个任务，完成后发给负责人，由其把这张图放在网站上。由于参与者都是出于对音乐和设计的热爱才来从事这项工作，网站经营者并没有向他们支付现金报酬，而是支付论坛虚拟币，可以用来下载音乐（其他普通用户则需要发帖或者用现金来获取虚拟货币）。

因此，像 CyberCTM 论坛这种依赖用户生产内容的 UGC 平台对用户而言似乎是一个培力的"融合文化"平台，但对商家而言却可能只是新的商业平台和资本剥削途径而已。而网民作为这个平台的消费者，同时也是这个平台的生产者，提供了大量的"用户生产内容"，无形中其实已经不自觉地充当了商家资本增值的"免费劳动者"，从而遭到资本家的"剥削"。由此可见，这种非物质免费劳动实际上带来了更深层次的剥削问题。比如，保罗·维尔诺认为此机制下的剥削将无法测量[1]，哈特和奈格里也表达了类似地忧虑，"剥削不再能在地化和量化"[2]。但是，他们更多地停留在抽象的理论层面来探讨这种新剥削机制的复杂性，并没有真正深入具体情境、具体案例中去剖析剥削机制的具体落实，而澳门网民的劳动实践可以对此提供部分在地化的经验。

"IMT 频道"是澳门最受欢迎的网络媒体之一，截至 2016 年 1 月 1 日共有 35 791 名粉丝。但频道一开始只有 Tommy 一位"管理员""编辑"和"记者"，负责网络媒体的全部工作。Tommy 在访谈中说道："我每天需要耗费三四个小时在这项工作上，但实际上得 24 小时待命，因为不知道什么时候有资讯要更新，什么时候有网友评论需要回复。有时候我工作一天之后精疲力竭，真的不想再更新，但大多数时候还是能保持更新，因为有那么多人关注着，自己对他

① Virno, P., General Intellect, *Historical Materialism*, Vol. 15, No. 3, 2007, p. 8.
② Hardt, M. & Negri, A., *Empire*, New York：Harvard University Press, 2000, p. 209.

们有一份责任。"在这一劳动过程中，Tommy 没有获取任何报酬，更多的是责任感在激励支撑着其力不从心的免费劳动。后来，Tommy 在其频道里开放了"爆料区"，让其 35 791 名粉丝在作为"读者"的同时，也作为"记者"和"编辑"贡献自己的免费劳动，成为维持这一网络频道的免费劳工。

这种 UGC 模式往往被阐释为"公民媒体"和"参与式文化"等，强调网民从消极被动的消费者地位中解放出来，成为有一定主观能动性的生产者。但是，这种解读往往被批评是浪漫化了新生产模式的赋权潜力，忽视了这种赋权所内嵌的不平等权力关系和剥削机制。比如，在"IMT 频道"案例中，澳门网民固然获得了一定的技术和政治赋权，但也"精疲力竭"，而且某种程度上这种赋权还掩盖了剥削的另一面，特别是通过"责任感"等话语更隐蔽地运作，而不是上文阿维德森和科莱奥尼与富克斯等人所讨论的那样，直观地将网民的注意力通过广告变现，或者将网民的情感投资通过资本市场变现。

这种深层次的剥削问题在足球运动员 Ban 的案例中也有所体现。Ban 在访谈中谈道："为什么选择 Facebook？我没有别的选择啊！你知道，Facebook 是澳门最受欢迎的社交媒体，我只能选择它。作为'澳门年度足球先生'，我必须在互联网上保持我的存在感，因此必须保持每天更新 Facebook。这不只是为了我自己，也是为了澳门足球。我觉得我有这个责任。"同样是主观上的"责任感"在激励着这种免费劳动，但是，客观上的"没有其他选择"和"必须"，提示我们不应该将免费劳动的"自愿"视为理所当然。事实上，巨头垄断、替代品缺失造成了一种客观上的"强迫"，强迫网民自愿地加入这种新的生产模式和剥削机制中，并用"责任感"话语掩盖这种深层次的强迫性剥削。如蒂齐亚纳·特拉诺娃（Tiziana Terranova）所解释的，数字资本主义时代整个社会以及社会中的每个人，愿意或不愿意，有意或无意识，都被吸收并融入新的资本主义劳动生产链之中。[1]

笔者在田野调查中发现，这种免费劳动不仅是隐蔽的、强迫性"自愿"的，甚至是潜移默化的，成为了一种生活方式或者生活的一部分。如拉扎雷托所言，非物质劳动已经成为我们"存在于世界"（being-in-the-world）的一种方式：非物质劳动而存在，存在必非物质劳动。[2] 例如，两位受访者 Liliana 和

---

① Terranova，T.，*Network Culture*，London & Ann Arbor：Pluto Press，2004.

② Lazzarato，M.，From Capital-Labour to Capital-Life，*Ephemera*，Vol. 4，No. 3，2004，pp. 187 – 208.

Dacy 所提到的，她们任何空闲时间基本都泡在手机上，看帖、回帖、发帖，"我们每天都花费大量时间在网络上，其实也不知道在做些什么。但无论我们在哪里，只要我们有时间，就会拿出手机来做任何能消磨时间的事情。不知道是手机和网络已经成为我们生活中最主要的部分，还是这就已经是我们的生活了。"另一位受访者 Dora 也说，她每天都要更新、浏览自己的 Instagram 和 Facebook 专页，尽管她有过挣扎："我曾经关闭了自己的 Instagram 和 Facebook，不想关注别人的生活，也不想别人关注我的生活。但是，我很快就放弃了，因为那样的生活太无聊太恐怖了，我甚至感觉失去了方向，感觉不到生活的意义。"无论是"消磨时间"还是寻求"生活的意义"，数字资本主义对网民的剥削，已经不只是隐蔽的强迫性"自愿"，更是"绑架"了网民，使网民完全内在化非物质劳动于自己的日常生活抑或内在化生活于非物质劳动中，剥削成了生活本身。

传统非物质劳动研究更多的是着眼于"集体"的视角，如拉扎雷托所宣称的，"非物质劳动本质上是以集体为基础的，而且也只存在于集体的网络与流动中"[1]。本节从澳门青年网民劳动实践的具体经验出发，特别是从网民的个体经验出发，回应维尔诺、哈特和奈格里等人关于剥削无法再被量化测量的问题，尝试从个体经验层面寻求答案，剖析非物质劳动浮现的免费和"自愿"表象背后更深层面的强迫性剥削机制。

第四节　劳动价值：感受作为自我价值化的力量

然而，片面地关注非物质劳动的剥削面向，可能会低估甚至忽视了网民参与这种非物质劳动的内在动力与主观能动性。这也是传统非物质劳动研究的局限，因为它们主要集中在批评非物质劳动导致了更深层次的、无法测量的、主体性层面的剥削，而对这种剥削如何达成、为何能达成的问题，缺乏有说服力

---

① Lazzarato M., Immaterial Labor, in Michael, H. & Paolo, V., eds., Colilli, P. & Emery, E., trans., *Radical Thought in Italy*: *A Potential Politics*, Minneapolis & London: The University of Minnesota Press, 1996, p.136.

的解释。对这一问题，哈特和奈格里等人主要是诉诸巴鲁赫·德·斯宾诺莎（Baruch de Spinoza）的情感解释，"斯宾诺莎将情感定义为'行动的力量的'；如果这样，劳动也成了情感，或者更准确地说，劳动在情感中找到其自身的价值。"① 因此，传统非物质劳动研究强调"交流"（communication）和"情感"（affect）是"非物质劳动"这一生产范式的核心。② 因为，"非物质劳动"经济范式建立于"交流活动"（communicative action）的基础之上，使非物质劳工成为"交流的主体"（subjects of communication），在创造、联结新的社会网络和社会群体的同时，也发明、发展出新的支配和控制方式，甚至出现了所谓的新的"情感经济"（affective economy）。③ 但是，他们对情感如何成为一种行动的力量以及劳动如何在情感中发现其价值并没有提供充分的阐述，而这正是本节希望探索的问题。

探索的起点是对概念本身的厘清与超越。哈特和奈格里等人之所以解释乏力，首先是因为其更多地停留在理论概念层面的讨论。而情感（affect）本身就是一个高度抽象甚至模糊的概念，与感情（emotion）、感受（feeling）等概念有很多交互之处，又有很大区隔，特别是在中文语境下，三者更容易混淆。于是，笔者干脆直接进入田野，在田野中寻找理论概念与实际经验的契合。在田野调查和访谈过程中，笔者发现，很多受访者会用到"feel"来描述这种劳动情感和情感劳动。比如，受访者 Alice 是论坛 CyberCTM 的一位版主，主要负责修改更新音乐明星动态、发布演唱会信息等工作，每天要花费一两个小时维护论坛、保持论坛活跃度。在问及其免费劳动的剥削问题时，Alice 回应，"我并不在意（被剥削）。我喜欢音乐，喜欢这个论坛，喜欢这种 feel。论坛里有志趣相投的网友，这种 feel 很难找的。只要这种 feel 还在，我就会一直坚持做下去"。实际上，"feel"作为一个已经在地化、口语化的粤语口头禅，其意义已经超越了其"感觉"的本义，混杂包含了上述的情感、感情和感受等内涵。因此，笔者尝试用在地化的"feel"的概念，探索"feel"如何激励非物质劳动者，成为一种能价值化劳动的力量，或者说劳动如何在"feel"中发现其价值。

---

① Negri, A., Value and Affect, *Boundary 2*, Vol. 26, No. 2, 1999, pp. 77–88.

② Virno, P., *A Grammar of the Multitude: For an Analysis of Contemporary Forms of Life*, New York: Semiotext (e), 2004.

③ Lazzarato M., Immaterial Labor, in Michael, H. & Paolo, V., eds., Colilli, P. & Emery, E., trans., *Radical Thought in Italy: A Potential Politics*, Minneapolis & London: The University of Minnesota Press, 1996, pp. 133–147.

首先，表达和分享"feel"已成为澳门网民一种特殊的劳动形式。比如，参与 Facebook 专页 UM Secret 的 5 位澳门大学学生表示，他们除了普遍的浏览、点赞和转发之外，更重要的是借这一匿名空间表达自己的"feel"，"有的抒发着感情的唏嘘，有的向心爱的人表白，有的抱怨着学业上的压力，有的控诉着学校不合理的政策，有的却在诉说着自己的孤单，有的在说着朋友圈里的是非，有的在默默地倾听着故事，有的会加以留言分析"。使用 Instagram 的 Ella 等 6 人也表示，她们在社群里的主要劳动形式就是表达和分享自己的"feel"，"发布自己的生活点滴，与友人分享自己的心情，分享自己的喜怒哀乐"。另一受访者 Alex 甚至认为，他在情绪低落或沮丧时，更需要通过网络发布自己的感受，并从朋友那里汲取关心和鼓励，而这种关心和鼓励对平复情绪非常有效。这个时候，孤独、痛苦、甜蜜和快乐等"feel"的表达和分享成为一种非物质生产形式。这种表达和分享"feel"的行为作为具体的劳动形式，借用约翰·菲斯克（John Fiske）的解释框架，"feel"是一种"象征生产"（semiotic productivity），"表达和共享"则是一种"表达生产"（enunciative productivity），而表达和分享感受又最终生成具体的网络文本成为一种"文本生产"（textual productivity）。①

其次，在表达和分享感受成为具体劳动形式的同时，感受本身也成为具体的劳动目的，即网民进行劳动的主要目的就是为了获得快乐、满足、鼓励、感动、回忆、被欣赏、被重视和成就感等，从而自愿、主动进行劳动。这些感受包含着情感，但又不只是拉扎雷托以及哈特和奈格里所讲的传统式情感劳动。因为其劳动目的并不在于取悦客户（例如传统服务业及文化产业的劳动），而在于取悦自己、满足社群成员。足球运动员 Ban 讲述了自己的满足和感动："你的发帖得到网友的正面回应是很有 feel 的事，真的很有满足感。看到有人留言为澳门足球加油，我感到非常高兴；有人留言鼓励我们，叫球员不要放弃，我感到非常感动。有时候仅仅是一个简单的评论，就很鼓舞我。这种 feel 很难形容。想象你做了一件事，然后有人注意到、关注到，还鼓励你、欣赏你，你想想那种 feel，是不是很满足？"Facebook 中电影学会专页的管理员 Tim 和 Tony 也表达了类似地成就感和满足感，他们提到，"当其他人看到我分享的活动和内容感到有兴趣或者感到有意义时，我会感到有成就感、满足感。特别是如果自己

---

① Fiske, J., The Cultural Economy of Fandom, in Lewis, L. A, ed., *The Adoring Audience: Fan Culture and Popular Media*, London: Routledge, pp. 30-49.

设计的海报被大家欣赏、肯定时，那种 feel 真的很爽。"参与 Instagram 社群的 Carol 也表达了自己获得快乐、被人重视的感觉："当我分享自己的喜怒哀乐，并得到人们的回应时，我会感到快乐和被重视的感觉。感觉自己并不孤单，总有人在关心着自己。"

有时候网民的劳动甚至并没有很强的目的性，只是为了某种单纯的"feel"。比如，同样来自 Instagram 社群的 Diana 表示，"每当我浏览 Instagram，都像在看不同的故事，总给我不一样的 feel，有趣的、感动的、可笑的、伤心的……有时候我能久久地沉浸在这些故事和感受中，而我很享受这个过程。"而来自"SHCCES Secrets"（嘉诺撒圣心英文中学）群组的几位成员则表示，她们关注母校 SHCCES 的 Facebook 群组主要是因为对中学的"回忆和怀旧"，"可以回忆以前的事情。过去的已经过去，成为没办法再回到的生活，难免有些失落感，毕竟时间不会回头，我们不能回到我们的过去，但我们禁不住怀念它。这就是为什么我们一起来到这里，分享我们的回忆和怀念。"这时候，这种感受更多的是一种集体情绪，用凯文·赫瑟灵顿（Kevin Hetherington）的概念来理解的话，它突显的感受实际是"我们"和"在一起"的归属感。①

澳门网民的劳动实践表明，网民非物质劳动的价值并不能简单机械地化约为传统劳动价值所衡量的金钱与物质报酬，也不可以简单机械地化约为某种"流行文化资本"，因为这种价值并不以客观金钱和物质为目的、导向或者标准，它的价值也并非完全是以客观甚至量化的资本积累的目的为导向的，而更多的是一种内在的"自我价值化"（self-valorization）。② 这对哈特和奈格里等人遗留下来的问题可能提供某种经验性回答，即"feel"作为一种自我价值化的力量，是一个具体的实践过程，包含一系列具体的感受内涵——孤独、痛苦、甜蜜、慰藉、感动、鼓励、快乐、尊重、关心、满足感、成就感、怀念和怀旧等；包含一系列的感受活动——表达和分享感受作为劳动形式，获取和享受感受则作为劳动目的。

---

① Hetherington, K., *Expressions of Identity*: *Space*, *Performance*, *Politics*, London: Sage, 1998.
② Negri, A., Value and Affect, *Boundary 2*, Vol. 26, No. 2, 1999, p. 21.

第五节　劳动关系：基于关系，生产关系

除了强调情感作为非物质劳动"自我价值的力量"，传统非物质劳动研究还特别重视"关系"，因为非物质劳动本质上就是关系的互动，代表的是"人类互动的复杂性"，其劳动的最终目的"首要的也是社会关系"。拉扎雷托甚至断言，"今天的生产劳动都是直接的社会关系的生产劳动"[1]。这是因为，在全球资本主义的今天，已经不存在"外在于"（outside of）资本的任何可能，包括各种社会关系，社会关系已经天然地被纳入非物质劳动的生产之中，甚至是"直接为资本而生产"[2]；资本通过这种关系的生产，最终"控制非物质劳动本身甚至是整个社会"[3]。本节将从劳动者本身出发，而不是从资本视角出发，因此，更强调"关系"本身，而非其背后更深远的全球资本，体现了一种行动者关怀和微观视角。

首先，澳门网民的许多非物质劳动实践确实是基于特定的社会关系的，这也呼应了拉扎雷托等人的判断，即社会关系是第一位也是最重要的非物质劳动基础。笔者通过田野调查发现，澳门网民经常围绕特定社会关系（学校、学会）进行非物质劳动生产。比如，毕业于同一中学的 Cindy 等 5 人为母校 SHCCES 建立了 Facebook 群组 "SHCCES Secrets"。在访谈中她们强调了这种校友关系对她们建立群组的重要性，"我们相信彼此属于同一个大家庭，SHCCES，这是我们将保持一生的联系。我们希望能尽我们最大的努力去帮助更多的校友保持联系、维护关系。"这个 Facebook 群组建立之初，她们每天需要花费好几

---

① Lazzarato, M., Immaterial Labor, in Michael, H. & Paolo, V., eds., Colilli, P. & Emery, E., trans., *Radical Thought in Italy：A Potential Politics*, Minneapolis & London：The University of Minnesota Press, 1996, pp. 142 – 143.

② Hearn, A., Brand Me "Activist", in Roopali Mukherjee and Sarah Banet-Weiser, eds, *Commodity Activism：Cultural Resistance in Neoliberal Times*, New York：New York University Press, 2012, p. 27.

③ Lazzarato, M., Immaterial Labor, in Michael, H. & Paolo, V., eds., Colilli, P. & Emery, E., trans., *Radical Thought in Italy：A Potential Politics*, Minneapolis & London：The University of Minnesota Press, 1996.

个小时更新图片、新闻和文章，甚至需要更长时间去联系校友并邀请他们的校友"点赞"，并鼓励他们多发帖以共同建设这一群组。成立一个月后，便有超过 1 000 名校友参与到这个 Facebook 群组。从那时起，她们才开始减少花费在这个群组的时间，不过这时候群组的内容已经呈现爆炸式增长，因为越来越多的人已经参与进来贡献他们的非物质劳动。

爱好电影的 Tim 和 Tony 也是基于澳门电影研究学会而建立相应地 Facebook 电影学会专页，并进行相应地非物质劳动生产，负责在此 Facebook 专页上推广活动、管理专页，还包括设计、上传海报，编辑文稿，审核新会员的申请，检视会员帖子并剔除频繁广告发帖人等。他们的这些非物质劳动首先是基于澳门电影研究学会这一社会组织，目的也是服务于这一社会组织，既满足原有会员的资讯需求，同时也吸引潜在会员。Jenny 等4人来自 Facebook 群组"AAPAM"，他们每天主要的网络劳动就是发帖宣传如何正确对待宠物、呼吁饲养者对宠物负责任、提供被遗弃动物领养信息等，这一网络群组是基于 2004 年成立的非营利社会服务团体"澳门保护遗弃动物协会"设立的。

此外，网络劳动还出现了大量涉及组织运作的"关系劳动"。比如，我们采访澳门两大论坛 CyberCTM 和 Qoos 的版主时了解到，两大论坛的劳动生产方式和基本架构都类似，大致是"管理员—超级版主—版主（独立版主）—见习版主—网友"的架构，各层级的劳动者具体的劳动项目不同，但都处于这个大的组织关系之内。受访者超级版主"异御"表示，Qoos 所有区块都是他的管辖范围，但他因工作忙无法顾及那么多的讨论区，所以主要还是执行管理员所分发给他的任务，日常任务多是处理会员问题及把意见反馈给管理员，但他确实"需要面临来自上级和下级的压力"。除了这种有明显组织架构和社群关系的合作型关系劳动之外，网民的日常网络使用也会体现一定的合作性和关系性，比如喜欢参与 Qoos 论坛讨论的 Yan 和 Daisy 表示，他们参与论坛讨论是一种双方合作又保持独立的行为，特别是当他们在论坛中进行二手数码产品交易时，他们都表示这些劳动是需要合作的，但每位参与者又要有相对的独立性。"因为我们发掘可能的买家时，需要大家各自跟进，是一种独立劳动。而如果我们需要发布新主题，就会由其中一人独立整理闲置物品信息并发布，发布出来之后，我们再一起合作、协商后续跟进交易的事情。"这种合作型关系劳动体现了网络非物质劳动的交流性和合作性，它建立于"交流活动"的基础之上，有别于传统工业社会的"工具活动"，使非物质劳工成为"交流的主体"。

其次，澳门网民的许多非物质劳动实践不仅是基于特定的社会关系，而且会创造更广泛、多样的新关系，这也呼应了拉扎雷托等人的判断，即非物质劳动生产的产品首先是社会关系，或者说非物质劳动本身就是社会关系的生产。比如，Tim 和 Tony 在访谈中就谈道："我们在管理专页的过程中，没有想到有那么多朋友对我们的专页有兴趣。我们的会员不仅来自中国澳门地区，还有来自中国香港地区、印度、中东地区对电影感兴趣的朋友，到现在为止已经有200 多名会员，其中有不少人通过网络交流已经成为朋友。感谢这个 Facebook 专页，使我能认识这么多来自世界各地的朋友。这些志同道合的朋友不仅壮大了我们电影学会，而且丰富了我们的人生阅历，也是我们的人生财富。"

基于网络劳动生产的朋友、社群关系，甚至会对现实生活产生影响。比如 Instagram 社群的 Richard 就表示："我可以通过 Instagram 上得知朋友的现状，加深朋友间的了解，甚至改变现实生活中对他的评价，乃至影响现实生活中跟他的关系。"这一点更具"澳门特色"的是，澳门是一个小地方，可以促成更多线上关系向线下关系的转变。比如，Helen 经常通过 Qoos 的二手交易版交易二手物品，"我一般在线上达成交易然后在线下完成交易。因为澳门地方很小交通很方便，我们一般相约线下面对面交易，这使我能够借此认识不同的人。有一次在卖一部二手手机的时候，面对面交易时发现买家居然是澳门大学的研究生，还是我的一门选修课程的 TA（助教）。因为这层交易关系，后来我们双方便时常保持联系，他还在课余时间给我提供很多课程上的指导。这些都是意想不到的收获。"

基于关系、生产关系的非物质劳动实践不仅体现了网络非物质劳动的交流性和合作性，即网民作为非物质劳工成为交流的主体而非传统工业社会的工具主体，而且体现了社会关系对非物质劳动的基础作用和目的导向。这种情况下，"关系"对于非物质劳动而言，已经不是一段单向的关系，而是一个双向的动态过程。这一发现，既呼应哈特所宣称的，非物质劳动已经成为交流式的、情感性的实践，从而"提升"我们的人际水平和社会关系[1]；同时又质疑哈特反面悲观论调所宣称的，非物质劳动者的人际水平和社会关系在"退化"为具体的劳动关系。这是因为，这种关系生产的再生产能力，使社会关系不仅成为非物质劳动的基础，也在通过非物质劳动再生产新的社会关系而非"退化"为非物质劳动本身。在这个意义上，笔者希望仍能抱一丝乐观幻想，即在这种劳动

---

① Hardt, M., Affective Labor, *Boundary 2*, Vol. 26, No. 2, 1999, pp. 89 – 100.

与关系的双向动态过程中，网络非物质劳动者的能动性能捕捉到某种稍纵即逝的"外在于"资本的可能。

小　结

传统非物质劳动研究有欧美中心主义倾向，比较局限于欧洲（特别是意大利）、美国的具体语境，但又企图将这种具体经验上升为一种全球适用的普适性真理。这种欧美中心主义以全球同质性牺牲区域异质性，不仅忽略了不同地区经济、文化和历史的脉络差异，而且暴露了其对其他另类经验和替代想象的傲慢。本书希望以澳门青年网民的劳动实践来提供一种另类经验和替代想象，特别是超越既有研究对微观视角和实证研究关注不足的局限，以情境化、在地化和脉络化的具体案例，实证探究澳门青年网民如何、为何转变成为非物质劳动者，这一转变过程中又体现出怎样的能动性。研究发现主要分三个面向：首先，澳门青年网民看似自愿地参与到免费网络非物质劳动中，但实际上是被强迫甚至是"被绑架着"接受剥削；其次，澳门青年网民将"feel"作为一种自我价值化的力量，特别是通过表达和分享感受以及获取和享受感受，自我实现其劳动价值；最后，澳门青年网民的非物质劳动基于关系，又生产关系，劳动与关系之间是一个动态的双向过程。这一发现表明，"非物质劳动"的问题不应理所当然地归属在一个同质化、全球化的"帝国"或者"诸众"框架中去看待，而应该放诸具体的在地化脉络中去审视，视作某种"地方性知识"，强调从劳动者本身出发所能看到的地方性、特殊性和抵抗性。

这一研究发现在非物质劳动研究领域主要有两方面的理论意义。一方面，澳门青年网民的劳动实践有其全球普遍意义，需要放置到全球信息资本主义和网络社会的大背景中，去理解互联网时代非物质劳动的剥削机制、价值实现和关系生产，特别是普通网民如何看似自愿实质被强迫性地吸纳进适应信息资本主义生产的浪潮中，在非物质劳动过程中生产感受式情感资本实现其劳动价值，却被资本侵占而无法获取实质经济酬劳，只能基于一定的劳动关系实质性地生产新的社会关系而产生某种现实影响。另一方面，澳门青年网民的非物质劳动实践又不能理所当然地归属到一个同质化、全球化的"帝国"或者"诸众"框架中去看待，而应该放诸具体的在地化脉络中去审视，视作某种"地方性知识"，强调从劳动者本身出发所能看到的地方性、特殊性和抵抗性。换言之，要在上述的全球普遍意义之内发现澳门的特殊意义，特别是在澳门特殊的资本主义背景下，由于其博彩业的支配性地位，包括信息产业在内的其他行业相对暗淡，缺乏大型互联网公司和知名门户网站，因此普通青年网民非专业的免费非物质劳动显得更加突出和重要，支持这种非专业免费劳动的劳动感受和劳动关系也更突出、更复杂。

除了理论层面的意义，在实践层面我们也应该看到澳门青年网民非物质劳动的局限性以及突破局限的可能路径。总的来说，澳门的网络劳动大多只是青年网民作为免费劳工所进行的阅读、分享及转载，所生产的产品大多缺乏原创性、技术含量也不高。换言之，澳门青年网民的非物质劳动更强调基础的信息分享和社会联结，而非生产知识和技术含量较高的原创作品。为了突破这一局限，未来可能需要在以下几方面同时发力：

首先，澳门特区政府需要进一步深化和落实多元经济发展战略，大力鼓励、扶持和发展博彩业和旅游业之外的信息科技、文化创意产业等新兴产业。只有形成一定规模的新兴产业才可能更全面地挖掘非物质劳动的潜力，特别是知识型、智能型非物质劳动和分析性、象征性非物质劳动，这些都是当前澳门网民的网络非物质劳动所缺乏的。

其次，在多元化发展新兴产业的基础上，政府和市场还要特别规划和培育一批本土的、专业的网络信息公司。世界各国和地区都有本土互联网公司提供本土信息，而澳门有垄断信息通信公司（如澳门电讯，CTM）却没有成熟的信息公司，未来需要有专业的互联网内容提供商，依靠专业互联网从业人员，提供专业的非物质劳动和本土原创的非物质劳动成果。

再次，在专业非物质劳动之外，还要继续鼓励广大网民更具组织化、社群式的非物质劳动。尽管澳门网民往往独立或者围绕特定组织关系进行网络非物质劳动，但这些组织关系基本是传统的社团、学校和学会等，未来需要鼓励更多基于认同、共同爱好、价值观的组织化、社群式非物质劳动，以提供更聚焦、更专业也更有感染力的信息内容和劳动成果。

最后，随着信息技术的发展，特别是互联网宽带水平的不断提升，网络非物质劳动的文本成果经历了从文字到图片、从图片到视频的迭代，而当前从视频到直播的转型契机给澳门网民的非物质劳动也提供了升级契机。如上所述，澳门网民的非物质劳动在文字创作、图片创作和视频创作上都乏善可陈，原创性、创新力与香港和内地不可同日而语。而当前全新的直播创作给澳门网民提供了同起点竞争的机会，甚至是对香港弯道超车的可能。

第四章

SoMoLo 新闻与行动

…… ……

　　澳门青年网民的网络非物质劳动除了生产网络文化、关系和感受之外，另一个重要的劳动成果便是"信息"，这也是传统网络非物质劳动的核心要义之一，即对"无重量"的知识和信息的生产。而在本书的田野调查中，具体到澳门语境下，澳门青年网民非物质劳动的信息生产便是其网络新闻实践以及基于这种新闻实践的媒介行动主义。因此，本章将从文化政治的视角，考察澳门青年网民的媒介文化实践及其政治意义。

　　实际上，互联网的发展和普及已经催生了"公民新闻""另类新闻""草根新闻""参与式新闻"等一系列倡议性概念。而且，随着网络新媒体的发展，这些学界的倡议性概念已在很大程度上逐渐被整合进网民广泛的媒体实践中，使我们在现实生活中观察到，网民的自主媒介文化实践如何变革新闻范式而冲击传统媒体。这些媒介文化实践不仅指向网络环境下新的新闻生产、传播、接收以及流通，而且富有政治意义，因为它同时指涉这种嬗变背后的新闻与民主关系问题，特别是从传统的通过新闻实现民主推进到数字时代的将民主融入新闻的深层问题。社交化、移动化和本土化的信息技术发展，一方面是对新闻的生产、流通和消费产生了巨大影响，为新形式的新闻的出现和发展提供了许多新的可能性和机会；另一方面也成为各种社会行动的游戏规则改变者，并对其动员和组织产生重大影响，特别是对社交化、移动化和本土化社会行动提供了可能。

　　然而，先前的研究大多将新闻和行动主义分开来研究，而没有在这两个领域之间进行富有成效的对话，因此未能充分地研究新闻和行动之间的关系，而这些关系在新的社交媒体和移动媒体语境下是交织在一起的。[①] 此外，大多数研究只是表明社交媒体和移动媒体对新闻和行动的影响，忽略了地方、空间和位置在新闻和行动中的重要性。[②] 因此，才有一些学者主张发展"SoMoLo"的新概念（Social，Mobile，Local），将"So"（社交的）、"Mo"（移动的）与"Lo"（地点的）结合起来，以描述新兴的融合了社交、移动和定位技术的新闻

---

　　① Russell, A., *Journalism as Activism*: *Recoding Media Power*, Hoboken: John Wiley & Sons, 2017.

　　② Watkins, J., Hjorth, L. & Koskinen, I., Wising up: Revising Mobile Media in an Age of Smartphones, *Continuum*, Vol. 26, No. 5, 2012, pp. 665 – 668.

与行动实践。① 然而，现有的关于"SoMoLo"新闻与行动的"Lo"维度的研究大多侧重于基于位置、地点与定位（locative）的新闻与媒体，而对本土的（local）新闻和行动缺乏重视。②

因此，本章将在澳门语境下聚焦 SoMoLo 的新闻实践，特别是不同于"Lo"的"地点的"（locative）意义的"本土的"（local）"SoMoLo"，以挖掘 SoMoLo 新闻实践及其 SoMoLo 行动潜能，并探索 SoMoLo 新闻与 SoMoLo 行动相互依存的方式和原因。在此基础上，本章还将讨论这种从 SoMoLo 新闻到 SoMoLo 行动的趋势如何展现出特殊的网络新闻民主功能，并剖析这种民主功能背后特殊的逻辑和想象，即与传统新闻民主研究所宣称的新闻民主实践从宏大叙事向微小期待演变的趋势相反，澳门的网络新闻民主实践呈现从微小期待向宏大叙事演变的另类趋势。

第一节　网络新闻及其可能性

从本质上讲，网络新闻并不是全新的事物，就如新媒体本质上也不是新事物。实际上，任何媒体都曾经是一定历史时期的"新媒体"，任何新闻实践也都根植于一定的既有知识体系，其之所以被称为"新"，只是因为它具有以往媒体和新闻实践所不具备的某些特质。比如，较之以纸为媒介的第一媒体、以电波为媒介的第二媒体和基于图像传播的第三媒体，网络媒体作为第四媒体或者"新媒体"③，其新闻生产就兼具了数字化、多媒体、超链接、即时性、交互

①　Ibrus, I., Evolutionary Dynamics of the Mobile Web, in Hartley, J., Burgess, J. & Bruns, A., *A Companion to New Media Dynamics*, Malden：Wiley-Blackwell, 2013, pp. 277 – 289.

②　Goggin, G., Martin, F. & Dwyer, T., Locative News：Mobile Media, Place Informatics, and Digital News, *Journalism Studies*, Vol. 16, No. 1, 2015, pp. 41 – 59.

③　Bardoel, J. & Deuze, M., Network Journalism：Converging Competences of Media Professionals and Professionalism, *Australian Journalism Review*, Vol. 23, No. 2, 2001, pp. 91 – 103.

性、虚拟性、实时性、定制性和参与性等特点。①

因为这些特点，新闻传播学者发展出了"公民新闻""草根新闻""公共新闻""参与性新闻""数据新闻"和"民主新闻"等一系列新概念指涉这种仍处于被不断形塑状态的"网络新闻"（networked journalism）。② 近二十年信息技术和数字媒体的发展，促使新闻传播学界对网络新闻的研究兴趣越来越浓厚，特别是更加关注互联网用户如何变成网络新闻的"网络"中的一个节点并通过这个"网络"来收集、处理与发布新闻信息。③ 通过网络新闻，"新的事实每天都在被挖掘出来；更多的观众反馈正在被整合起来；更多的声音正在被听到；同一新闻报道的更多不同的观点正在被呈现出来；更多的故事正在被发现、存档并在更长时间内可被搜索到；更多有权力的人正在被更密切地注视着；而更多的人正在更积极地参与到世界的变化中来——通过拍照、拍摄关键时刻的视频，或者通过评论博客，或者通过分享自己重要的故事"。④

基于这些新特点，学界认为在信息化、数字化和网络化的"网络社会"大背景之下，数字媒体和网络新闻对传统媒体和新闻产生了前所未有的冲击，"从整体上挑战了我们对新闻的认知"⑤。比如，有学者认为，互联网情境下"人人皆媒体"的形态是从根本上对传统媒体和新闻作出的回应、挑战甚至是反制。⑥ 因此，许多学者认为，互联网已经全面渗透并且深入影响了新闻生产、传播和消费的全流程，将会带来可能的新闻范式转变。比如，有学者认为网络新闻模式从根本上模糊了新闻生产与新闻消费的边界，使网民在充当新闻消费者的同时，也转变为新闻生产者、发布者和传播者，成了网络新闻的"产消者"。⑦ 这

---

① Nayar, P. K., *An Introduction to New Media and Cybercultures*, Malden: Wiley-Blackwell, 2010.

② Van der Haak, B., Parks, M. & Castells, M., The Future of Journalism: Networked Journalism, *International Journal of Communication*, No. 6, 2012, pp. 2923 – 2938.

③ Beckett, C. & Mansell, R., Crossing Boundaries: New Media and Networked Journalism, *ICA Communication, Culture & Critique*, Vol. 1, No. 1, 2008, pp. 92 – 104.

④ Van der Haak, B., Parks, M. & Castells, M., The Future of Journalism: Networked Journalism, *International Journal of Communication*, No. 6, 2012, pp. 2923 – 2938.

⑤ Deuze, M., The Web and Its Journalisms: Considering the Consequences of Different Types of Newsmedia Online, *New Media and Society*, Vol. 5, No. 2, 2003, pp. 203 – 230.

⑥ Bowman, S. & Willis, C., *We Media: How Audiences Are Shaping the Future of News and Information*, 2003, http://www.hypergene.net/wemedia/download/we_media.pdf.

⑦ Bruns, A., *Blogs, Wikipedia, Second Life, and Beyond: From Production to Produsage*, New York: Peter Lang, 2009.

种读者变成记者，而消费者作为生产者和控制转移参与的新闻范式不仅被认为是对传统主流媒体的回应和反对，而且是一种重新定义新闻本身的方式。[①]

由于这种新闻范式的转变，许多讨论已经溢出了网络新闻与传统新闻的比较之本身，而把网络新闻与民主关联起来，认为网络新闻在很大程度上实现了对网民的赋权，即网络新闻的参与范式实际上也是一种新的民主范式。[②] 西方传统新闻专业主义者往往以"第四权"（fourth estate）自居，强调其对于政治权力和社会生活的"看门狗"（watchdog）角色和守望监视（watch）作用。而网络新闻被认为与传统的组织性媒体新闻有同样甚至更有效的传播权力，因此对政治运作和社会公共事务有至关重要的民主监督作用。有学者甚至乐观地认为，网络新闻能更独立、更有效地在社会监督中发挥更大的作用，充当互联网时代的"黑幕揭露者"或"扒粪者"（muckraker），或者所谓的"数字看门狗"（digital watchdog）。[③] 有学者进一步指出，网络新闻上述的"产消者"新模式在激发网民集体智慧、生产"更民主、更有创意、更创新"的网络新闻的同时，[④]也借助这种去中心化的新闻模式，超越了传统媒体和新闻生产的"把关人"（gatekeeper）限制，直接在传统的机构与组织框架之外，形成"共同分享、相互合作、集体行动"的新新闻生产模式。[⑤]

因此，约翰·哈特利（John Hartley）认为，这种新闻模式使"每个人都可以成为新闻工作者"，这成为我们每个人的一种权利，即每个人都有权利去表达、交流自己的信息和观点，从而促成社会权力的公平化。[⑥] 布莱恩·麦克奈（Brian McNai）甚至认为，这种模式实际上是对社会权力进行去中心化、去神秘化的过程，打开了民主化的新可能，甚至促成社会的"权力转移"（power-

---

① Gillmor, D., *We the Media: Grassroots Journalism by the People, for the People*, Sebastopol: O'Reilly, 2006.

② Dahlberg, L., The Internet and Democratic Discourse, *Information, Communication and Society*, Vol. 4, No. 4, 2010, pp. 615 – 633.

③ Felle, T., Digital Watchdogs? Data Reporting and the News Media's Traditional "Fourth Estate" Function, *Journalism*, Vol. 17, No. 1, 2016, pp. 85 – 96.

④ Leadbeater, C., *We-Think: Mass Innovation, Not Mass Production*, London: Profile, 2008, p. 3.

⑤ Shirky, C., *Here Comes Everybody: The Power of Organizing without Organizations*, New York: Allen Lane, 2008.

⑥ Hartley, J., Journalism as a Human Right: The Cultural Approach to Journalism, in Löffelholz, M. & Weaver, D., eds., *Global Journalism Research: Theories, Methods, Findings, Future*, New York: Peter Lang, 2008, pp. 39 – 51.

shift)，即权力从传统的精英阶层向普罗大众转移。① 阿克塞尔·布伦斯（Axel Bruns）也认为，这种新闻模式是一种"分子状态的民主"（molecular democracy），因为它不再依赖于庞大和封闭的新闻机构和政府政党，而是借助去中心化的、更广泛的、更深入的协助网络。② 因此，还有学者认为，不仅仅是具体的新闻模式，甚至是基于这种模式形成的上述种种抽象概念，也已经成为一种普遍的信念和信仰，这种信仰本身就已经成为一种强大的改变力量和民主动力。③

当然，也有许多学者对这种过度乐观的态度提出批评。比如，罗伯特·麦切斯尼（Robert McChesney）认为网络新闻仍然是在特定的政治经济结构下的产物，屈从甚至服务于特定的商业压力和商业利益，并不具有真正的民主解放潜力，将网络新闻与民主模式关联本身就是一种不切合实际的互联网崇拜。④ 不过，总体而言，对网络新闻民主潜能的乐观派还是要多于悲观派。因此，这一研究领域总体上存在技术决定论倾向的问题，对网络新闻充满过分的乐观想象。一方面是过分强调新媒体技术的作用，忽视了技术的社会属性以及技术背后的行动者作用；另一方面是把民主化约为一个宏大叙事的抽象概念或者机械的多元参与范式，而不是行动者利用新媒体技术在特定社会情境下的具体实践过程。特别是，随着社交媒体和移动通信技术的发展，旧有的、笼统的"网络新闻"概念已经不能完全解释新的技术语境下网络新闻的新现象和新可能。因此，下一节将回到本章引言所介绍的"SoMoLo"的概念，讨论在新的 SoMoLo 语境下新的网络新闻实践可能。

---

① McNair, B., *Cultural Chaos: Journalism, News and Power in a Globalised World*, London: Routledge, 2006, p. 199.

② Bruns, A., *Blogs, Wikipedia, Second Life, and Beyond: From Production to Produsage*, New York: Peter Lang, 2009, p. 366.

③ Curran, J. & Seaton, J., *Power Without Responsibility: The Press, Broadcasting and New Media in Britain*, London: Routledge, 2003.

④ McChesney, R., *Communication Revolution: Critical Junctures and the Future of Media*, New York: The New Press, 2007.

第二节　SoMoLo 新闻与 SoMoLo 行动

随着社交媒体、移动电话以及其相应地定位技术的发展和功能的开发，已经有学者注意到了新的新闻模式的产生，即由社交、移动和定位技术所主导，基于一系列新的社交、移动和定位技术，进行用户生产内容（UGC）的个性化新闻实践。为此，有学者主张发展相应地"SoMoLo"的新概念来描述这种新兴的融合了社交、移动和定位技术的新闻实践。[①] 越来越多的智能手机的出现，特别是以 iPhone 的发布为关键时刻和历史节点，标志着新的技术与媒体关系时代的来临，同时引发了移动时代新闻"移动性"的新问题。[②] 智能手机与移动互联网、照相机、指南针、GPS 和数以万计的 App（应用程序）一起，像"瑞士军刀"一样，为媒体组织和普通用户提供各种可能的支持，并为移动通信开辟了新的移动交互空间。正如戈金（Goggin）所言，智能手机带来的移动性变得越来越重要，因为"移动通信重新定义了不同类型的媒体和用户媒体实践之间的关系"。[③] 克耶蒂尔·瓦奇·厄伊（Kjetil Vaage Øie）也认为，由于"永远在线"的"移动用户世代"的出现，新闻的发展出现了新的可能性。[④] 一些学者甚至创造了一个新术语——"移动新闻"（Mobile Journalism，MoJo），以解释"智能手机时代"中的新闻新范式。[⑤]

实际上，经过十来年的发展，近年移动新闻已经在不断变化的媒体生态中

---

①　Goggin, G. , Martin, F. & Dwyer, T. , Locative News: Mobile Media, Place Informatics, and Digital News, *Journalism Studies*, Vol. 16, No. 1, 2015, pp. 41 – 59.

②　Thornham, H. & Cruz, E. G. , (Im)Mobility in the Age of (Im)Mobile Phones: Young NEETs and Digital Practices, *New Media & Society*, Vol. 19, No. 11, 2017, pp. 1794 – 1809.

③　Goggin, G. , Assembling Media Culture: The Case of Mobiles, *Journal of Cultural Economy*, Vol. 2, No. 1 – 2, 2009, pp. 151 – 167.

④　Øie, K. V. , Location Sensitivity in Locative Journalism: An Empirical Study of Experiences While Producing Locative Journalism, *Continuum*, Vol. 27, No. 4, 2013, pp. 558 – 571.

⑤　Mills, J. , Egglestone, P. & Rashid, O. , et al. , MoJo in Action: The Use of Mobiles in Conflict, Community, and Cross-Platform Journalism, *Continuum*, Vol. 26, No. 5, 2012, pp. 669 – 683.

占据了一席之地。国际上大多数主流媒体，如 CNN、NBC 和 Sky News 等，都开发了各自的移动应用程序和移动平台，用于收集、编辑、处理和发布新闻。因此，先前关于"移动新闻"的研究主要是从媒体产业的角度而非普通手机用户的角度来考察智能手机和移动互联网对主流媒体组织的影响，而不是关心普通手机用户利用智能手机进行的新闻生产活动。此外，先前的研究更加关心移动互联网背景下新闻的"空间转向"（spatial turn），强调移动新闻的生产和消费流程都在远离传统新闻编辑室的地方进行，[1] 因此他们担心移动新闻会从"专注于内容以及人们阅读、收听、观看什么，转变为关注地点（where）和方式（how）"。[2] 然而，围绕移动新闻"空间性"（spatiality）的问题探讨并不深入，仍需要进一步探索。

因此，在新兴的新闻"移动性"背后，许多学者对新闻"地方化的移动性"（a localized notion of mobility）进行了进一步的探索。他们认为，新闻不仅仅是我们所做的事情，而是我们在某个特定的地点所做的事情，而且这个地点不仅仅是一个物理空间的地点，更是一个生活和想象、地理和心理的地点。[3] 具体而言，移动新闻的空间性实际是由地点、位置、地方和本土等一系列重要特征构成的，这不仅表明了新闻的空间和地点，也表明了与这一空间相关的社会关系、文化意义和政治权力。正如杰斯珀·福克海默（Jesper Falkheimer）和安德烈·詹森（André Jansson）所指出的那样，"作为常识和经验的传播实际是向地方的意义（meanings of place）和意义的地方（places of meanings）的转向，这些意义通过交流不断被分享"[4]。对此我们可以总结，这是从文本到语境的转变。

然而，现有研究主要还是集中在基于智能手机定位技术的"地点新闻"（locative journalism）、"位置新闻"（locative news）和"地方媒体"（locative journalism）等具体概念，更多的是位置特定的（location-specific）、基于位置的（location-based）、位置感知的（location-aware）和位置依赖的（location-

① Väätäjä, H., Mobile Work Efficiency: Balancing Between Benefits, Costs and Sacrifices, *International Journal of Mobile Human Computer Interaction*, Vol. 4, No. 2, 2012, pp. 67-87.

② Peters, C., Journalism to Go: The Changing Spaces of News Consumption, *Journalism Studies*, Vol. 13, No. 5-6, 2012, pp. 695-705.

③ Watkins, J., Hjorth, L. & Koskinen, I., Wising up: Revising Mobile Media in an Age of Smartphones, *Continuum*, Vol. 26, No. 5, 2012, pp. 665-668.

④ Falkheimer, J. & Jansson, A., eds., *Geographies of Communication: The Spatial Turn in Media Studies*, Sweden: Nordicom, 2006.

dependent）新闻和媒体，但基本忽略了新闻语境的地方性（localism）问题，而不是上述包含了位置、地点、地方和本土的整体意义。尽管之前有部分突显地方性的新闻研究，特别是通过"地方/本土新闻"（local journalism）和"超地方新闻"（hyperlocal journalism）的概念进行探索和阐释，① 但是，过去我们似乎更关注全球化、去疆域化和连通性等宏观结构和宏大叙事，而不太关注本土化、再疆域化和非连通性等微观结构和微小叙事。而智能手机的普及和移动时代的到来，特别是上述一系列基于智能手机的地方新闻实践，给新闻的地方性研究创造了新的可能，似乎预示着移动新闻的未来。

因此，根植于新的移动时代、社交媒体和本土语境的"SoMoLo 新闻"综合概念，实际上是对"社交媒体新闻""移动新闻"或"地方新闻"等系列新兴概念的有机接合。它不仅揭示了可能的、新的新闻范式，也在传统的新闻功能，特别是上述的民主功能之外，提供了新的新闻功能的可能，特别是动员具体的行动实践的可能，并以这具体的行动实践为中介桥梁，指向上述更抽象的新闻民主功能。传统上，媒体与行动实践之间的关系一直是学术界关注的关键问题。然而，西方传统对于媒体行动的研究主要集中于对主流媒体的持续批评，认为传统媒体的新闻生产只是在加强现有的权力关系。② 相应地，媒体行动者的责任，便被认为是要去挑战这样的媒体格局并提供"对霸权政策、优先权和观点的替代愿景"③。而社交媒体、移动媒体和地方媒体的发展则被认为会切实影响新的媒体融合背景下的媒体行动，特别是具体影响行动的动员、组织、协调和传播等，同时也提供了一个更新的替代性愿景，以及一个更具包容性的环境作为人们参与新的媒体行动的场域。

类似地，新闻也被认为越来越与行动实践关系密切。传统上，记者被视为故事讲述者，以保证新闻的客观性，而这也成为传统新闻教育和实践的重要教条，即记者一般不会直接参与新闻事件。从这个意义上说，虽然新闻媒体传统上被视作"第四权"并承担一定的民主"监督者/看门狗"（watchdog）的角色，但它通常处于"观察"（watch）模式，而不是采取直接的"行动"（action）模

①　Franklin, B., ed., *Local Journalism and Local Media: Making the Local News*, London: Routledge, 2005.

②　Clark, L. S., Cultivating the Media Activist: How Critical Media Literacy and Critical Service Learning Can Reform Journalism Education, *Journalism*, Vol. 14, No. 7, 2013, pp. 885–903.

③　Downing, J., *Radical Media: Rebellious Communication and Social Movements*, London: Sage, 2000.

式。这种"看门狗"角色已经面临很多批评，认为它只是一个"理想主义的概念"，因为即使是专业记者和编辑在新闻编辑室内进行的新闻生产，实际上也是特定文化产业和意识形态的产物，远非真正的民主监督者。社交媒体、移动媒体和地方媒体的发展被学界和业界寄予厚望，认为其能一定程度地弥补传统新闻在全球网络社会中监督无力的不足，并能更广泛地推动开放性的政府、水平式的民主，特别是全球范围内的直接行动；而且，各种新的新闻实践可以更有效和独立地运作，以审视世界并掌握应对的权力。因此，在这种新的语境下，新闻实际被认为是"传播权力"（communication power）的主要场域之一，不仅代表知情权，也代表着行动权，即新闻的目的不只是报道世界，同时也是改变世界，甚至新闻本身就作为行动的可能之一。特别是在社交媒体、移动媒体和地方媒体的新时代和新语境下，新闻特别是上述的"SoMoLo 新闻"，正日益成为各种集体行动和联结行动的关键前提。

　　因此，基于上述文献讨论，本章将不再单独使用"社交媒体新闻""移动新闻"或"地方新闻"等概念，而选择上文讨论的"SoMoLo 新闻"的综合概念，用以考察移动时代和社交媒体时代澳门特定语境下新兴的新闻现象和青年新闻实践。具体而言，本章旨在探讨澳门青年网民如何使用智能手机和社交媒体平台收集、报道、评论和分发地方性的、在地化的、本土性的新闻，借此引导符合其目标的信息流，以动员其他普通网民和市民参与相应地行动行为。回应上节关于网络新闻及其民主想象的问题，本章接下来将在澳门特定的语境下，考察其 SoMoLo 新闻行动以及背后的民主想象的问题。一方面，澳门青年网民的 SoMoLo 新闻行为并不是宏大叙事的民族叙事，而是集中于对地方的、日常的和琐碎的社会监督；另一方面，澳门青年网民已经逐渐不完全满足于 SoMoLo 新闻本身，而是从 SoMoLo 新闻指向 SoMoLo 行动，并逐渐从社会监督转向政治监督，展现出另类的网络新闻民主想象。

第三节　数字时代的澳门新闻媒体生态

　　在正式开始考察澳门的 SoMoLo 新闻与行动之前，首先有必要梳理一下数字时代澳门的新闻媒体生态。澳门作为华人媒体的发源城市，诞生了中国领土上的第一份外文报纸《蜜蜂华报》（1822 年）[1]，以及第一份中文期刊《杂闻篇》（1833 年）[2]。但是，澳门毕竟只是一个只有六十几万人口的小城市，媒体的发展空间是有限的，时至今日，主要的传统新闻媒体已经式微，本书所采用的田野调查、访谈和其他相关的研究都佐证了这一点。[3] 而随着传统新闻媒体的式微，网络新闻却迅猛发展。首先是传统媒体通过建立新闻网站、Facebook 专页等进行网络化转型；其次是借鉴香港独立媒体的发展经验，澳门依托互联网的独立媒体也异军突起，填补了澳门传统媒介生态中独立媒体的空白；最后是基于 Facebook 建立的新闻专页日益重要，成为澳门网络新闻生态中日益重要的一种媒介存在，对澳门网民的影响日益彰显。

表 4 - 1　澳门现有的主要传统媒体

媒介类型	分类	名称	创刊/开播时间
报纸	中文	澳门日报	1958 年 8 月 15 日
		濠江日报	2008 年 3 月 28 日
		市民日报	1944 年 8 月 15 日
		华侨报	1937 年 11 月 20 日
	英文	澳门邮报（*The Macau Post Daily*）	2004 年 8 月 27 日
		澳门商业日报（*Business Daily*）	2012 年 4 月 2 日
	葡文	今日澳门（*Hoje Macau*）	2001 年 9 月 5 日
电台	中文	澳门电台（*Rádio Macau*）	1933 年 8 月 26 日
电视	免费电视	澳门广播电视台	1984 年 5 月 13 日
	卫星电视	澳亚卫视	2004 年 3 月 15 日
		莲花卫视	2002 年 10 月 28 日
	收费电视	澳门有线电视	2000 年 7 月 8 日

数据来源：整理自澳门特别行政区政府新闻局资料及各媒体公布资料。

---

① 谭志强、吴志良：《中国领土上出版的第一份外文报纸：澳门的葡文〈蜜蜂华报〉(1822—1823)》，《新闻学研究》1998 年第 57 期。

② 林玉凤：《中国境内的第一份近代化中文期刊——〈杂闻篇〉考》，《国际新闻界》2006 年第 11 期。

③ 澳门互联网研究学会：《澳门全民意指数研究报告 2011》，http：//www.macaointernetproject. net/index. php/files/download/73。

表 4 - 2　澳门现有的主要网络新闻媒体

类型	代表媒体	网络形式	备注
传统媒体	澳门日报	网站	澳门地区访问量排名 23
		Facebook 新闻专页	38 015 人点赞，40 911 人关注
		其他形式	App，微信公众号
	澳视澳门台（TDM）	网站	澳门地区访问量排名 60
		Facebook 新闻专页	30 698 人点赞，35 179 人关注
		YouTube 专页	346 人订阅
		其他形式	App，微信公众号
独立媒体	论尽媒体	网站	澳门地区访问量排名 273
		Facebook 新闻专页	39 177 人点赞，39 494 人关注
		YouTube 专页	553 人订阅，单条视频最高点击量 5 800 次
社交媒体	IMT 频道	Facebook 新闻专页	35 791 人关注
		YouTube 专页	927 人订阅，单条视频最高点击量 7.8 万次

数据来源：根据田野调查整理，备注数据截至 2017 年 12 月 31 日，其中访问量排名来自 https://www. alexa. com/topsites/countries/MO。

一、传统媒体网络化

自澳门 1995 年正式提供互联网服务以来，其互联网普及迅猛，网络渗透率及家庭联网率等数据均表明澳门已经进入了成熟且发达的网络社会。在此背景下，网络新闻阅读成为澳门网民最主要的（86.5%），同时也是花费时间最长（61.8%）的网络活动之一。[1] 除了这些调查数据，本书通过田野调查和访谈也发现，互联网已成为大多数澳门网民日常最主要的新闻来源，甚至是年轻受访者的唯一来源。因应这一变化，澳门大部分传统媒体（比如《澳门日报》、澳视澳门台等）都开始了网络化的转型，在传统的印刷版本和电视版本之外，通

―――――――――

[1]　Cheong, W. , *Surveying Macao ICT Indicators*, Macao：Macao Association for Internet Research，2012.

过互联网发布电子版本的新闻，同时侧重网络新闻互动、超链接和多媒体的特征。但是，从纸张到互联网的延伸，并不一定意味着传统媒体已经真正完全网络化；传统媒体往往只是添加了一个新闻的新版本，而其整个新闻生产逻辑和流程保持不变，依然依靠专业的新闻编辑室、编辑系统和专业记者等。从这个意义上讲，澳门传统媒体在一定程度上因应了网络社会的发展进行网络化转型，特别是丰富了新闻版本，某种程度上也建立了跨媒介新闻发布系统，但并没有从本质上改变新闻生产的逻辑。

二、独立媒体异军突起

澳门不断发展的媒介生态也为独立媒体（independent media / indymedia）提供了土壤，《论尽媒体》（AAMacau. com）就是澳门独立媒体中的一个典型。所谓独立媒体，是一种端对端的"创新共同体"，具有更独立、更扁平、更大众化和更民主的特征，与官方话语体系下主流媒体的意识形态并不相同。① 换言之，独立媒体为新闻话语权的建构提供了传统媒体之外的其他可能。成立于2012 年 10 月，标榜"独立、公义、良知、多元"的《论尽媒体》便展现出澳门独立媒体独有的在地化特征。首先，《论尽媒体》的发行方式与传统独立媒体不同。不同于大多传统独立媒体的免费派发策略，《论尽媒体》自 2013 年 5月 1 日正式出版刊物开始，就效仿传统主流媒体，以售卖的方式公开发行。其次，《论尽媒体》的新闻来源与传统的独立媒体不同。独立媒体往往都鼓励其采编团队充分利用"公开发表"（open publishing）内容，或者直接从公民记者处获取文章，但《论尽媒体》拥有由少量专业编辑和记者组成的采编团队，其新闻报道大多来自采编团队的创作而非公民记者。最后，《论尽媒体》关注的新闻议题与传统的独立媒体不同。独立媒体本应打破本地与全球的界限，尽可能关注更广范围、更多元的新闻议题；而《论尽媒体》关注议题更多地聚焦于澳门本地的社会和政治问题，对于大多独立媒体关注的商业和企业利益问题却涉猎甚少。

---

① Platon, S. & Deuze, M., Indymedia Journalism：A Radical Way of Making Selecting and Sharing News?, *Journalism*, Vol. 4, No. 3, 2003, pp. 336 – 355.

三、社交媒体日益重要

过去二十年来，社交媒体在澳门的媒介生态环境中发挥着越来越重要的作用。虽然本书在此前的论述中强调澳门独立媒体的特征，但这并非意味着独立媒体、另类传媒和社交媒体是绝对分离、彼此毫无关联的。相反，这些媒体之间并没有一个绝对界限，而已经形成一种默契的合作关系。澳门的独立媒体之间会分享和传播对方的消息，也会转载相关的社交媒体作品；而社交媒体也成为独立媒体的一个重要传播渠道。澳门大多数独立媒体以及活跃的网民个体都会通过 Facebook 开设专门的新闻专页，如"自己报""学社主场"等。

以澳门知名的新闻专页"IMT 频道"为例（截至 2016 年 1 月 1 日，"IMT 频道"新闻专页有 35 791 人关注），该新闻专页是由澳门网民杨先生于 2010 年 12 月 23 日建立的，旨在"报道传统媒体不会报道的消息和新闻，保护澳门市民的知情权和公共利益"（"IMT 频道"Facebook 专页简介）。杨先生是该新闻专页的唯一"编辑"，而专页发布的所有消息都是其专页订阅者在"爆料区"对事件的报道，于是"IMT 频道"三万多名关注者就主动、自愿地兼有了"读者"和"记者"的身份，他们以报道、评论、分享新闻和信息的方式对传统媒体进行回应、挑战和反制，特别是报道传统媒体不会报道的消息和新闻。在这个意义上，这类社交媒体新闻专页又类似于西方学界关注的公民媒体和独立媒体。

第四节　微小到宏大的 SoMoLo 新闻与行动

与传统新闻媒体监督政府的职责不同，澳门青年网民的 SoMoLo 新闻行动发轫于非常细微和生活化的日常监督，其受众对传统政治议题的关注度非常低，而更关心 SoMoLo 新闻在日常生活而非政治参与中的监督功能。比如，田野调查发现，不仅仅是《论尽媒体》、"IMT 频道"等关注这些生活监督问题，网民还基于智能手机和社交媒体平台，自发建立了各种 Facebook 新闻专页，由普通网民充当草根记者，报道曝光显著的地方性社会问题并进行监督。

　　本书通过田野调查发现，公共交通是澳门青年网民最关心的问题之一，他们自发建立了几个 Facebook 新闻专页来监督司机的不良行为。比如，Facebook 专页"澳门实 look 司机恶劣行为监察组"在其首页便强调了其特殊的新闻监督定位——"澳门车辆太多，道路太少。我们正在关注澳门司机的不良行为。我们希望每个人都能成为公民记者，记录司机的不良行为，并向大家揭露。法律不可能做这样的事情，那就从我们的集体良知开始做起"。这个新闻专页在 2012 年 2 月 8 日才建立，但非常受欢迎并且迅速吸引了 28 026 人订阅，在 2012 年 8 月 9 日甚至有 8 454 个订阅者同时在线关注该新闻专页的新闻报道。这样的粉丝数量和同时在线人数对于当时只有 58.2 万人口的澳门来说，是相当可观的，相较于当时澳门其他 Facebook 专页和群组来说也是非常罕见的。新闻专页中的新闻均由网民自发采集、上传和报道，而新闻专页公告强调"本专页转载各网友的爆料内容，一概不予负责"。这些新闻报道涉及澳门公共交通问题的方方面面，从巴士公司管理问题、巴士司机不良行为、交通事故、交通堵塞，到个人违规停车、闯红灯甚至行人横穿马路等不文明行为。例如，有网民在该 Facebook 新闻专页报道其在麦当劳吃午餐期间，发现一辆维澳莲运公司的公交车行驶至麦当劳门外黄线位置，随后司机不顾车上的十多名乘客而自己下车到麦当劳用餐近十分钟，导致车上乘客多有怨言。该网民用手机全程记录下了这一行为，并选择到这一新闻专页曝光这一行为。

　　除了交通问题，澳门 SoMoLo 新闻的社会监督功能还关注消费者权益问题，为此开设了不少相应地 Facebook 新闻专页。比如，Facebook 新闻专页"澳门'nxxl shop'苦主投诉"的成立就是由于网友林小姐怀疑其在澳门某家美妆店"nxxl shop"购买的产品是假货，因此成立这个专页，希望这一专页能成为更多"苦主"爆料和投诉的公开渠道。这个专页竟然迅速吸引了超过 8 000 名网友关注，并逐渐成为澳门网民对澳门地区购物欺诈、消费者权益等问题进行曝光报道的一个 SoMoLo 新闻专页，甚至变为一个全新的媒体空间，并公开发出"我们只是要听真话"的宣言。

　　澳门这些 Facebook 新闻专页为关心相关议题的青年网民提供了一个特定的新闻平台，每个网民都可以通过这些平台生产、发布、消费和分享相关新闻。这些 SoMoLo 新闻媒体如上述乐观学者所预期的，某种程度上实现了对网民的赋权，令每个人都能成为 SoMoLo 新闻记者，使其能曝光生活问题、讨论社会议题和参与公共事务。特别是，这些 SoMoLo 新闻平台提供了特殊的匿名爆料渠道，使网民在参与 SoMoLo 新闻生产时，其个人身份等信息得到了一定程度的保护。这种基于社交媒体的专属匿名性已经被很多研究证明是鼓励普通民众成为公民记者和"数字看门狗"的关键因素。

但是，这种社会监督功能不应因此被无限拔高，进而把这种互联网时代的"数字看门狗"与传统新闻民主的"第四权"等民主监督功能直接等同起来。本书通过田野调查发现，澳门的 Facebook 新闻专页在一定程度上确实承担了"数字看门狗"的角色，但是，这些"看门狗"并没有直接针对民选政府和官僚体制而充当传统西方话语中的"第四权"；相反，他们更多地在日常生活中扮演这种监督者角色，关注具体的社会问题而非抽象的民主概念或者民主体制。不过，随着澳门 SoMoLo 新闻的蓬勃发展和新闻民主实践的不断深化，有些 SoMoLo 新闻关注的议题开始从原本琐碎的日常生活监督逐渐指向政府监督，并诉诸相应地行动，展现出更多的政治可能性。

本书通过田野调查发现，澳门近年来建立了越来越多的 SoMoLo 新闻平台，如 Facebook 新闻专页"澳门良心""守护澳门"等，已经不满足于上述的 SoMoLo 新闻的社会监督，而开始利用 SoMoLo 新闻对线下行动动员的积极作用，组织相应地线下行动。这些 SoMoLo 新闻平台平时特别关注特区政府和官员的负面新闻，而一旦有负面事件发生便借机大肆宣扬，营造网络舆论，进而组织线下行动。实际的田野调查表明，这些 SoMoLo 新闻平台及其政治动员和政治行动，实际都与"新澳门学社"这一政治社团密切相关，要么是其附属机构，要么是由其内部要员成立，实际是服务、服从于其社团目标和利益的。主要组织者和参与者如苏先生，既是网络组织"澳门良心"的创始人又是"新澳门学社"的时任理事长，他凭借这些政治行动迅速积累政治资本继而参与澳门立法会选举并获得席位。因此，尽管这些行动表面有新闻民主的宏大叙事，但其内里仍然逃脱不了政党利益和个人利益等现实的微小期待。

小　结

在数字时代，澳门的旧式媒体格局发生了巨大变化，向着新的社交、移动和地方新闻生成和消费的模式发展。因此，本章试图在"公民新闻""城民新闻""草根新闻""公共新闻""参与式新闻""网络新闻""民主新闻"等较早的概念之外，发展"SoMoLo 新闻"的新概念。接着，基于社交媒体、移动媒体、地方媒体的观察，对澳门青年网民的非专业新闻实践进行解释。此外，本章试图挑战传统新闻学的客观性教条：新闻只报道世界而不改变世界，即在澳门特定的 SoMoLo 语境下，SoMoLo 新闻通常与 SoMoLo 行动相互依存，并呈现出从 SoMoLo 新闻向 SoMoLo 行动转变的趋势。同时，这种 SoMoLo 新闻与行动也展现了澳门网络新闻实践特殊的新闻民主特征：与传统新闻民主研究所宣称的新闻民主实践从宏大叙事向微小期待演变的趋势相反，澳门数字时代的新闻民主实践呈现从微小期待向宏大叙事演变的另类趋势。具体而言，澳门 SoMoLo 新闻具有社会监督的功能，但这种监督往往指向普通人的日常生活，而非宏大的政治体制或者抽象的民主概念；但随着 SoMoLo 新闻向 SoMoLo 行动的趋势转变，澳门青年网民的 SoMoLo 新闻实践也开始指向"政治""民主""改革"等新闻民主的宏大叙事，但是其背后往往夹杂着特定的政党和个人政治利益，而非西方所谓的理想状态下的"第四权"。这些特征不仅展现出澳门 SoMoLo 新闻与行动的在地特征，也呈现出 SoMoLo 新闻改变媒介生态进而影响整个社会的潜力。因此，本章最后将尝试从"媒介生态"的理论视角讨论 SoMoLo 新闻与行动所带来的深远影响。

"媒介生态"或者说"媒介环境"（media ecology）理论将媒介界定为基础性的生态或者环境，突显了媒介与政治、经济、文化等各种社会因素之间的生态关系。波兹曼最早给媒介生态学以定义——"将媒介界定为环境的研究"[①]。尼斯特伦（Christine Nystrom）则进一步说明，媒介生态学并不着眼于单一的任何一种媒体，而是把"复杂的传播系统视作环境"[②]。这种复杂的生态视角、环境视角和系统视角，正与本章强调的 SoMoLo 概念有着内在的契合和响应。首先，SoMoLo 概念强调社交媒体、移动媒体和地方媒体等跨媒体、媒体融合的问题，指向了传播媒介在新科技之后的现实变化，而数码汇流（digital

---

① Postman, N., The Reformed English Curriculum, in Eurich, A. C., ed., *High School 1980: The Shape of the Future in American Secondary Education*, New York: Pitman, 1970, p. 161.

② Nystrom, C., *Towards a Science of Media Ecology: The Formulation of Integrated Conceptual Paradigms for the Study of Human Communication Systems*, New York: New York University, 1973, p. 3.

convergence）、媒体共栖（media symbiosis）与媒体杂糅（media hybridization）等跨媒介现象，实际上都是延续了媒介生态学的关注焦点；① 其次，SoMoLo 概念不仅强调基于地点的媒体，更强调地方性的媒体，即特定语境下的新闻媒体实践，而媒介生态不仅包含纵向的历史语境，"旨在探讨历史背景里，传播媒介与环境的互动，而所谓的'因果'或'消长'现象，事实上就是历史"②，还包含横向的社会语境，特别是"媒介与政治、经济、文化等各种社会因素之间的生态关系"；③ 最后，SoMoLo 新闻实践的主体是澳门青年网民，他们通过具体的 SoMoLo 新闻与行动展现出其能动性，正如媒介生态学强调人的主观面向及其对媒介的建构能力，同时还重视"传播过程中个人、群体、媒介和其他社会系统之间的矛盾、冲突、协同的诸种生态关系"④。

基于这种内在契合，当我们思考澳门 SoMoLo 新闻与行动的影响时，媒介生态的理论视角可以提供很多思想启发，即澳门 SoMoLo 新闻与行动的现实意义并不仅仅在于其在媒介生态内部如何变革新闻范式进而冲击传统媒体，而是在于其改变了澳门媒介生态而深刻影响澳门社会整体，这才是澳门新闻民主宏大叙事的真正落脚点。实际上，"媒介生态"这一重要概念在二十世纪六七十年代刚提出时并没有受到应有的重视，直到互联网推动下的媒体融合成为普遍现象，学界才重新意识到媒介生态学概念的重要性和价值。但当学界重新召唤媒介生态学概念的时候，"媒介作为生态"的简单定义给后来学者提供了更多的诠释空间，产生了不同的甚至是完全相反的两个诠释方向：它既可以指涉传播媒介对社会与文化的生态性影响，又可以反过来指涉社会与文化大环境对传播媒介的生态性影响。用比喻的形式来看，前者认为各种媒介构成了人类生存生活的一种环境和生态，人生活在媒介生态之中就像水中之鱼；后者则认为人类生存生活的大环境是水，媒介则是水中之鱼。因此，媒介生态视角并不是让我们望文生义地理解"媒介的生态"而看到社会对媒介的生态性影响，相反，是向我们强调"媒介作为生态"而看到媒介对社会的生态性影响。⑤ 某种意义上，澳

---

① 苏钥机：《从生态学观点探讨传媒的共栖和杂交现象》，朱立、陈韬文编：《传播与社会发展》，香港：香港中文大学新闻与传播学系，1992 年。

② 黄淑蕙：《没有生态，只有历史：传播生态研究之省思》，《世界新闻传播学院学报》1996 年第 6 期。

③ 何道宽：《媒介环境学辨析》，《国际新闻界》2007 年第 1 期。

④ 邵培仁：《传播生态规律与媒介生存策略》，《新闻界》2001 年第 5 期。

⑤ 夏春祥：《传播的想像：论媒介生态学》，《新闻学研究》2015 年第 125 期。

门 SoMoLo 新闻与行动的现实意义也正在于此，数字时代的澳门社会，特别是澳门青年网民主体，作为澳门新的 SoMoLo 新闻媒体的生态，影响了澳门的 SoMoLo 新闻与行动。这种新的 SoMoLo 媒介生态也反过来影响了澳门青年网民主体，出现 SoMoLo 新闻、SoMoLo 行动与 SoMoLo 青年的连环性影响，进而生态性地影响澳门社会。

第五章

身份认同的表演

…… ……

身份认同，简单来说是"关于你和他人有什么相同之处，以及你与他人有何不同之处"的问题，是关于我们如何看待自己以及他人如何看待我们的问题，实质是自我的根本命题。[①] 但是，这种"相同"与"不同"并不是本质化的，不是一种固定的、天然的和存在的状态，而是一个反本质化的、建构的、宣称的和表演的过程。因此，身份认同本身就是"偶然的、脆弱的和不完整的"，而且"比以前认为的更适合重建"[②]。基于这种反本质主义立场，"身份认同成为一种社会产物——一个按照统治的文化剧本和权力中心来塑造、重构和动员的实体"[③]。换言之，身份认同并不是一个先天的本质存在，而是被社会和文化所建构的"项目"（project），而且这种建构是一个永远未完成的"过程"（process），包括了很多不同甚至相反的论述和实践，因此注定不可能是统一的、单一的，而是多元的、杂糅的。[④] 特别是在数字时代，互联网提供了一个全新的、未被完全决定的、可以建构主体的空间，使每个个体都有机会创造性地展现或者宣称自己的身份认同，使身份认同不仅是多元杂糅的，甚至是支离破碎的。[⑤] 而澳门特殊的历史和社会语境，给了我们一个很好的机会来考察这种身份认同的宣称、建构和表演。特别是随着澳门网络社会的崛起，澳门网络文化日益丰富，网络已经日渐成为澳门青年网民通过文化实践解构、建构身份认同的重要场域。

第一节　澳门网民的网络身份认同

1995 年，澳门正式向市民提供互联网服务，之后澳门互联网一直保持稳定

① Weeks, J., The Value of Difference, in Rutherford, J., ed., *Identity*：*Community*, *Culture*, *Difference*, London：Lawrence & Wishart, 1990, p. 89.

② du Gay, P., Jessica, E. & Peter, R., eds., *Identity*：*A Reader*, London：Sage, 2000, p. 2.

③ Cerulo, K. A., Identity Construction：New Issues, New Directions, *Annual Review of Sociology*, Vol. 23, 1997, p. 24.

④ Giddens, A., *Modernity and Self-identity*, Cambridge：Polity Press, 1991.

⑤ Poster, M., *What's the Matter with the Internet*? Minneapolis：University of Minnesota Press, 2001.

发展并进入成熟阶段。特别是随着论坛、Facebook 等社交媒体的发展，澳门网络社会在传统现实社会的身份认同空间之外开拓了更加广阔、开放和自由的场域，成为澳门文化抗争的重要场域；同时，也扩展了澳门网民身份认同想象、表演和抗争的空间。

特别需要指出的是，澳门网民身份认同问题背后蕴含的是其深远的历史根源、特殊的政治格局和复杂的社会环境，这些因素为网民身份认同在澳门网络的表演提供了更多的可能性。实际上，由于澳门网民的身份认同混杂了民族性、被殖民史、全球化和本土化等复杂因素，已经受到了学界的一定关注。[①] 这些研究主要侧重澳门人身份认同历史上的混杂性，以及这一混杂性的演化路径，特别是研究回归前后澳葡政府、中央政府、澳门特区政府三者在身份认同建构方案方面的区别——如何通过不同的策略建构不同内涵的身份认同混杂性以因应各自的统治政治。[②] 但是，这些研究数量非常有限，特别是相较于地理位置毗邻且有一定可比性的香港地区而言，港澳居民身份认同的研究关注度是不可同日而语的。而且，这些研究虽然有一定的历史纵深感，但也因此显得比较陈旧，研究场域主要局限在传统现实社会，从未触及网络空间和网络社会中的身份认同问题。同时，其研究取向往往是自上而下的视角，关注统治阶级的身份认同建构方案，很少涉及被统治者、被建构者的自主实践和认同力量。因此，从自下而上的视角，关注澳门网民的认同力量并探索其背后的政治意涵，特别是统治者政治之外的其他的政治途径，有一定的现实意义和研究价值。

网络社会与认同力量是曼纽尔·卡斯特尔（Manuel Castells）信息时代三部曲所关注的两个核心问题。卡斯特尔认为，以信息科技和网络技术为中心的技术革命，已经、正在并且将继续重新塑造我们的生活环境，建构一种新的社会形态——"网络社会"。而在信息技术革命、网络社会兴起，资本主义重组，全球化进程加速的另一面，是身份认同的日益彰显。因为在这一全球流动的网络社会里，对于身份认同的追寻，成为社会意义的基本来源，甚至是唯一来源。卡斯特尔将这种身份认同的彰显称为"认同的力量"或者"认同的权力"，认为"权力不再集中于机构（国家）、组织（资本主义企业）和符号的控制者

---

① Chou, B., Building National Identity in Hong Kong and Macao, *East Asia Policy*, Vol. 2, No. 2, 2010, pp. 73–80.

② Lam, W., Promoting Hybridity: The Politics of the New Macau Identity, *The China Quarterly*, Vol. 203, 2010, pp. 656–674.

（公司制媒体、教会）之手。它散布在财富、权力、信息与图像的全球网络中，在可变的几何学和虚拟化的地理学系统中传播和嬗变……新的权力存在于信息的符码之中，存在于再现的影像之中；围绕着这种新的权力，社会组织起它的制度，人们建立了自己的生活，并决定着自己的所作所为。这种权力的场域是人们的心灵"。卡斯特尔还进一步提出了"合法性身份""抗拒性身份"和"计划性身份"三种不同的身份认同作为系统分析的圭臬，分别指涉社会中的主导性、支配性身份认同，对这一支配性身份认同的抵抗，以及可能的新的身份认同的建立。卡斯特尔对认同力量的关注，一方面是其网络社会理论的发展深化，从技术范式、发展方式、社会形态进一步向精神文化层面深化，试图将其从信息中心的网络逻辑中解放出来，结合成为一种倡导全面性、复杂性和灵活性的综合文化；另一方面也在一定程度上回应了其信息主义理论所蕴含的"技术决定论"所遭受的批评，即尽管信息技术被视为网络社会的基础和核心，但身份认同却赋予了这一新的社会形态以意义、精神、文化，甚至生命。①

　　卡斯特尔这一研究脉络对探索澳门网民的认同力量非常有借鉴意义，但是，需要注意其理论与实践意义上的局限性。首先，卡斯特尔基本上是将论述的脉络放置于全球化、信息化的大背景中。这个碎片连接、整编统一的全球系统，更多地着眼于全球资本主义社会的文化、经济和政治等宏观制度层面，以及微观的媒体文化、都市生活、全球政治与时空性质等方面的技术变迁对其中身份认同意义的影响。而且，这种研究视角基本上是以美国、欧洲、拉丁美洲的经验研究为基础的，因此，这种对认同力量的探索，既缺乏细节化的微观实践经验，也缺乏在地化的亚洲情境分析。其次，由于缺乏这种情境分析和微观实践经验的研究，尽管卡斯特尔充分论述了认同力量的重要性，但是没有通过具体的实践案例分析，充分解释这一力量从哪儿来、往哪儿去、怎么产生、怎么运作，只是提供了最终结果论述而缺乏相应地过程分析。再次，"power"不仅是一个既定的静态名词——"力量"，同时也是一个含有系列过程的动词——"权力"。卡斯特尔注重结果论述而非过程分析的深层原因，就在于其过于乐观地看待身份认同的力量，并将"power"化约为一个理所应当的"力量"，而不是一个具有斗争性、过程性、策略性的"权力"。其"合法性身份—抗拒性身

---

　　① Castells, M., *The Information Age：Economy, Society and Culture. Volume I：The Rise of the Network Society*, Oxford：Blackwell, 1996.

份—计划性身份"的分析框架虽然对此有所触及，但更多的仍然是作为认同力量的静态分类描述，而不是动态分析系统，缺乏每种身份认同内部或相互之间的权力关系分析以解释谁有权力赋予、抵抗和争取这种认同的力量。

因此，本书希望延续并继续推进这一研究路径，以澳门网络社会的认同力量为研究焦点。一方面，希望在卡斯特尔的网络社会和认同力量的基础上，提供一个更在地化、差异化、微观视野的经验研究；另一方面，尝试从"表演"的视角，探索在澳门特定脉络下身份认同的具体表演过程，以期通过这一具体实践研究为认同力量提供某种过程性、路径化的解释。

身份认同的表演性是身份认同研究反本质主义理论脉络的一个研究视角，强调身份认同没有确定无疑的代代传承的本源定律，而是由历史文化语境创作的、不稳定的、完全开放的定义，是一种文化和社会建构——更具体地来说，是通过身体、话语、行为的特定姿态、执行和动作的重复表达、表演来建构的："身份认同是由被认为是它的结果的那些'表达'，通过表演所建构的。"① 比如，亚伦·加玛列尔·拉莫斯（Aaron Gamaliel Ramos）、格雷戈·迪米里亚迪斯（Greg Dimiriadis）等学者②，都直接从"表演的身份认同"（performing identity）的视角，探索身份认同如何通过具体的表演实践被破坏、配置以及重建，而网络又为这种表演实践提供了怎样新的空间和可能。

本章遵循这一"表演的身份认同"的研究取向，将传统的澳门人的身份认同问题延伸到澳门新兴的网络社会。本章不像卡斯特尔那样把认同力量的场域限定在人们的心灵成为某种本质的存在，而是将其视作一种过程性的表演行为，并将表演的场域聚焦到网络空间，关注澳门网络社会中微观层面的网民主体如何通过其身份认同的抵抗、重建与行动，表演其有澳门特色的认同力量。但是，这种身份认同的表演，又如何体现被统治者、被建构者的批判精神，并提供何种其他途径的政治？

① Butler, J., *Gender Trouble: Feminism and the Subversion of Identity*, New York: Routledge, 1999, p. 25.

② Ramos, A. G., Performing Identity: The Politics of Culture in Contemporary Puerto Rico, *Pouviors dans la Caribe*, Vol. 14, 2004, pp. 63 – 80.

第二节　认同表演的异质空间

澳门人民的身份认同一直以来都是"难以表述"的，因为历史上澳葡政府在澳门一直没有建立起依附于葡萄牙政府的国家认同，澳门人民对澳葡政府亦没有归属感。[①] 澳门只是"既由葡人管治又受中央政权影响的地方"；相应地，澳门人民也只是"在中葡两国之间默默谋生的沉默的、朴素的人群"。就如一些澳门诗歌作品所表现的：

想起雾降临以前/聚焦镜正在寻找/镁光灯也在寻找城市/只是我们/记录者和被记录者/都在闪烁发亮的几个瞬间/忘了那个世纪的历史/忘了那个城市的名字，遗忘啊遗忘/记录者和被记录者/我来自这样的一个城市/没有名字/如此而已/我也没有名字/如此而已[②]

这种身份认同的空白，放置在复杂多变的政治环境中，实际给不同的政治力量提供了身份认同建构更多的可能性。当然，这是一个长期拉扯互动、角力斗争的过程，其中一个标志性事件、转折点是 1966 年的"一二·三"事件[③]，从此之后，"爱国爱澳"身份认同论述的"中国人"逐渐成了澳门社会中主导性、支配性的身份认同，某种程度上成了卡斯特尔意义下的"合法性身份"。这一身份认同不仅有其历史根源，也有其社会基础，特别是具有澳门特色的拟政府化的华人社会自治组织——社团。这些社团与内地官方联系密切，并接受其指示，把强调以中国、中国人、中国文化为主体的身份认同的话语论述带入

---

① 黎熙元：《难以表述的身份——澳门人的文化认同》，《二十一世纪》2005 年第 12 期。

② 林玉凤：《我来自这样的一个城市》，《文化杂志》2011 年。

③ "一二·三"事件是澳门历史上一次大规模的群众运动，取名自 1966 年 12 月 3 日发生的警民冲突事件。事件起因是一宗简单的学校申请建筑执照的冲突，最终却演变为警民冲突，导致 11 人被警察杀害，数十人受伤，事件最终以广东当局介入令澳葡政府赔偿道歉终结。事件不仅令澳葡政府丧失了在澳门的管治威信，而且促使亲北京的"爱国爱澳阵营"在澳门形成稳固力量。

澳门并逐渐建构澳门人的身份认同。比如，澳门最具代表性的三大社团——拥有成员最多的澳门工会联合总会、被称为澳门最具政治经济影响力的澳门中华总商会、最重要的基层组织澳门街坊会联合总会，不仅其社团的宗旨和工作方针都突出"爱国爱澳"，而且在日常的活动、节日的庆典上都会传递"同宗同源、血浓于水"的信息。在澳门回归以后，这一主导性的身份认同更是得到了特区政府官方的积极推进。比如，由官办电视台制作爱国主义电视节目，由特区政府亲自举办或资助举办国庆、特区政府成立庆典、内地交流团、军事训练等，培养澳门市民特别是青年学生的爱国情操。2014 年澳门特区政府直接将"爱国爱澳"写进澳门《非高等教育制度纲要法》，当时掌管澳门教育政策的教育暨青年局局长梁励对此举评论道："对国家和民族的认同，以及对自己身份的认知，是回归后澳门非高等教育的一个重要宗旨。回归 15 年来，'爱国爱澳'的传统薪火相传，成为澳门青少年灵魂深处的主流价值观。澳门需要让下一代了解，澳门是中国的一部分，澳门人对国家有义务和责任。《非高等教育制度纲要法》说得很清楚，让我们年青一代怎么去'爱国爱澳、厚德尽善'。怎么培养'爱国爱澳'的情感呢？我们认为要在课堂中和课堂之外两方面去实现。"[①]教育暨青年局的官网同样把"爱国爱澳"放在第一位，与爱国教育相关的"升旗仪式""爱国教育基地巡礼"亦先于基本的教学资源、教学案例等。

　　面对这一主导性的身份认同，澳门部分网民开始有意识或者无意识地利用网络消解传统的社会界限，拓展身份认同表演的时空跨度，在网络空间开拓了一个表演身份认同的异质空间。网络或可看作一个未被完全决定的、可以建构主体的空间，使得官方无法完全垄断身份认同的叙事，而少数网民借机展现自己的差异性论述。本书在田野调查中发现，在澳门网民常用的社交媒体Facebook 中，就有一些表演这种认同差异的群组。

　　这些群组表明，澳门网络的认同表演和网络印象并不仅仅是简单地将现实刻板印象转移到网络世界，而是具体通过参与者间双向、多向互动的机制进行。具体而言，则是需要网民们通过发帖、转载、点赞、评论和讨论等方式，形成一种身份认同表演的互动模式，并在互动过程中不断相互强化身份认同。这一互动表演模式实际上也将网络空间转变成"书写认同"的动态空间，体现了网

---

　　① 黄歆、刘畅：《"爱国爱澳"写进澳门〈非高等教育制度纲要法〉》，新华网，http://news. xinhuanet. com/gangao/2014 – 12/16/c_ 1113667522. htm,2014年12月16日。

络身份认同表演有其独特的"空间性"。① 但是，这种"书写认同"并不是一个被动的"铭刻"过程，也没有一个既定的、统一的书写主题，反而是每个个体主动的、自由的书写淹没了沉默的少数，汇聚并呈现出一个较为统一的身份认同并宣称出来。同样地，其"空间性"也不是一个天然平展而广阔的空间，而是由无数去中心化的、争议的、分歧的甚至冲突的个体表达空间，通过身份认同求同排异的机制而将多元分散的主体以及小叙事拼接起来形成一种不稳定的论述空间。而且，作为一种网民自发组织建立的网络虚拟空间，Facebook 群组、讨论区等游离于传统的权力结构和话语体系之外，其空间性表现出一种类似于"异质空间"的异质化和战术性，即网民能在"策略"之下通过拍照、讨论、分享和传播等"战术"，为自己争夺随时可移动、更换和重组的空间，一种在地点之内又在地点之外的"异质空间"。

第三节　认同重建的情感社群

借鉴卡斯特尔"合法性身份—抗拒性身份—计划性身份"的分析框架，如果说"爱国爱澳"的"中国人"国家认同是澳门社会主导性、支配性的"合法性身份"的话，澳门网民在进行认同表演的同时，也在重新建构"澳门人"地域身份认同以作为一种地方性的身份认同。之所以是一种"重建"，是因为澳门传统社会非主导性的"澳门人"地域身份与主导性的"中国人"国家身份是完全互融的，"爱国爱澳"本身就包含了"爱祖国"与"爱澳门"的一体两面，前文相关的调查也显示了两者认同度的同步提升。澳门传统"澳门人"地域身份认同其实一直与"中国人"国家身份认同紧密相关，这也有其历史渊源、社会基础和政治背景。据林玉凤考证，澳门中文媒体史上首次有清晰明确的"澳门人"定义出现于 20 世纪 30 年代的抗战时期，是出于澳门居民对战事信息的需求，而且出于战事影响，"澳门人"从一开始便被定义为"爱国的华人、中

---

① Hetherington, K., *Expressions of Identity: Space, Performance, Politics*, London: Sage, 1998.

国人"。① 换言之，"澳门人"身份从诞生之日起便是依附于一个更大的"华人""中国人"身份的。"一二·三"事件之后，"爱国爱澳"的"中国人"身份更是逐渐发展成为具有支配性地位的身份认同。不过，20 世纪 90 年代末澳门回归以来，澳门需要向世界和祖国重新介绍自己，强调澳门的独特性和本土性，既区别于葡国管治时期的澳门，也与内地区别开来。这时，定义"澳门人"的需求便日益强烈，而回归以来"澳人治澳"的政治论述也为这种本土身份的建构提供了政治合法性。2005 年澳门历史城区被列入《世界遗产名录》，这更是推动了澳门人对本土历史文化的关注，在将澳门申遗成功看成回归祖国的伟大成就的同时，也视作澳门文化对人类的贡献，认为"澳门街"已经是"全世界的澳门街、全人类的澳门街"。② 自此，比较有地方意识的"澳门人"地域身份竟借葡国管治时期形成的历史文化遗产日益清晰地彰显出来。

　　作为澳门社会基础的社团在这一过程中也扮演了重要作用。这些社团固然如前文所述基本服务于"爱国爱澳"的支配性身份认同建构，但毕竟立足于澳门本土，"爱国"先行，也得"爱澳"殿后，而且得落实到具体的生活中。这些社团覆盖了澳门政治、经济、文化和社会的方方面面，像链条一样，把澳门人捆绑在一起，同生存、共进退，使澳门人不仅对社团有着特殊的情感，而且培养出对澳门的特殊情感。社团实际是承担了身份认同建构的"公社"（commune）功能，提供了澳门人地域身份认同的社群基础，并在社群之内又不断酝酿增进对于澳门的感情。

　　但是，在信息时代，澳门的传统社团并没有跟上互联网的发展步伐，网络化程度并不高，还没有完全融入网络社会。很多传统的社团至今已经有超过400 年的历史，却没有自己的网站或者 Facebook 专页。显然，传统"爱国爱澳"社团社会"同生存、共进退"的特殊情感也很难直接转移到网络上形成相应地网络社群。而网络提供了群体聚集的新工具和新平台，带来了社群形成的新形式。新兴的网络自发组织更自然地融入网络社会，甚至本身就完全诞生并维系于网络之上。我们的田野调查观察到的网络社群，比如"Macau 澳门""我是澳门人""澳门人·澳门情·澳门事""我爱澳门""I Love Macau!"等，都是基

---

　　① 林玉凤：《媒体、身份认同与公民社会——以澳门为例》，《第 8 届"媒介与环境"国际学术研讨会》，台北：天主教辅仁大学 2011 年版，第 127－140 页。

　　② 曾一果：《去殖民化以来"澳门意识"的媒介建构——以〈文化杂志〉"中文版"为研究对象》，《全球传媒学刊》2012 年第 12 期。

于澳门的集体情感，围绕集体情感表演身份认同，又通过这种认同表演进一步强化这种情感的社群化和社群的情感化。这种网络化的社群相对于传统现实社会的社团显得虚拟而松散，并不像澳门传统社团那样实质嵌入现实生活的方方面面并直接关联具体的生活服务、社团地位和个人利益等，网络社群参与者只是单纯依赖对于澳门的特殊情感而进行情感交流，创造并联结出新的网络情感社群。

"Macau 澳门"群组和"我是澳门人"群组分别是我们田野调查观察到的澳门 Facebook 第一、第二大的群组（资料截至 2012 年 6 月 16 日 16：05），都是基于"情感影像"而非"理性讨论"而形成的情感群组。这两个群组发表的内容多与澳门紧密相关，而且大量地运用了视频、图片，如大三巴、东望洋灯塔、澳门旅游塔、葡京赌场和嘉乐庇总督大桥等澳门象征符号，也包括网民分享的澳门历史照片和视频资料，或者是网民自己拍摄的关于澳门的有趣的照片、视频等。几乎每篇文章都是以图像为主，偶尔配以极其简单的文字说明，却都得到了很多网民的点赞、分享和讨论。讨论也多是好奇、称赞、感谢、怀旧和向往等情感层面的交流，特别是突出了对于澳门的集体回忆和怀旧情绪。这种历史共有、记忆共享和情感共通的网络社群，实际是澳门历史、传统、文化和遗产在网络世界的"媒介化"（mediation）和"再停泊"（re-mooring），并在网络空间再仪式化、再情境化，最终内化于网民的理念体系和思维模式，从而成为网民"澳门人"地域身份认同自我社群化、自我合法化并自我强化的情感社群。

"澳门人·澳门情·澳门事"群组则在首页简介上便赋予澳门和群组以情感化的"人情味"——澳门，一个与众不同的城市。既有大城市的气势，亦有小城市的风味。她没有气焰，却有浓浓的人情味。人情味无价，如何感受才是真知灼见。通过澳门本土的信息活动来体会澳门人最真切的感情，绝对是独一无二的经验。"澳门人·澳门情·澳门事"就为你送上变化万千的"人"、温暖洋溢的"情"、兴奋无比的"事"，这当中，存在你最爱的澳门人情味。这种基于"人情味"的情感群组，表达了网民对澳门生活空间有着深厚的感情联系，从而这种感情往往是比较自然地从长期接触的具体的人、情、事和物中滋生出来的。

这些基于对澳门的特殊情感凝聚起来的群组，更专注于澳门人本身，不在乎"他们"的"差异"，而在乎"我们"的"相同"——"强调了"我们"的重要性与"共在"的盛行。而且，除了共在以外，并没有其他目的。"在此基础上，"沟通的唯一目的是'接触'他人，单纯地保持联络，一同参与在一个群聚的形式中"①。因此，在这个沟通、接触、联络和群聚的过程中，重要的不是理性、讨论和共识，而是情感、感觉、美学、回忆、共感和共鸣，其中又以情感最为重要。这种情感最终最明显、最强烈的表现就是"爱"，这也是另外两个群组"我爱澳门""I Love Macau!"的表现。

"我爱澳门"群组成立于2010年8月1日，是为了表达"很想做个澳门人""我爱澳门"而成立，文字间充满对身为"澳门人"的自豪和对澳门的爱。两年间，尽管该群组没有发表很多特别有意义的讨论文章，但收获417人的点赞（资料截至2012年6月16日17：25）。可能这么多点赞的人仅仅是因为"我爱澳门"这一情感召唤而已，所以并没有特别的文章讨论，但这也正是一种情感的表现，开辟了一个独特的情感表演空间以凝聚对澳门有共同情感者，形成一个单纯表达爱意的网络社群。这种单纯的"我爱澳门"的情感，在另一群组就表现得更明显了，因为它只允许发表"I Love Macau!"。

"I Love Macau!"群组成立于2010年4月20日，简介要求"The page where you can ONLY say：I love Macau. Nothing else"。值得注意的是，这样一个单纯表达"I Love Macau!"的群组竟有3 628人点赞（资料截至2012年6月16日15：12）。所以，跟"我爱澳门"一样，哪怕是最简单、最单纯的情感召唤，其实也能在Facebook上成就一个很大的情感群体。在这里，只能表达"I Love Macau!"而不允许发表其他内容，并不是一种消极的排斥或者不作为，而是一种创造性的不作为（creative not-doing），一种除了情感共在之外没有其他特殊目的和目标的自足、自在的社会性，而这正是社群生成、存在和发展的根本。

这些群组都强调情绪的联结而非理性的论述，分享情绪，享受在一起的感觉，同时在人际关系中沟通表达，并借助情感群化成情感群体。这种情感群体往往追求氛围、感情和情绪联结的社群形态：关联到情绪性团体，关照身心和美感，萃取在地经验，感受集体生活，并重视每日的、当下的、具体的和本土的实践。② 比如，网民"保护龙环葡韵鹭鸟林"的行动就是一种具体的本土实践。2012年，澳门特区政府突然宣布计划在龙环葡韵鹭鸟林旁兴建交通信息安

① Maffesoli, M., *The Time of the Tribes：The Decline of Individualism in Mass Society*, London：Sage, 1996, pp. 62, 64.

② 陈雪云：《全球风险、知识与终身学习》，《社会教育学刊》2002年第31期。

全中心，引起广大市民反对，并且迅速有网络组织建立"保护龙环葡韵鹭鸟林"网站，征集市民签名，向政府表达意愿。该签名网站还有网民的留言评论，在表达了吁请政府保护鹭鸟的诉求之外，也在字里行间流露出对澳门"家园"形象的特殊情感："要澳门，不要再破坏我们的家！""留住澳门人的集体回忆，回忆才能形成澳门文化，文化才是我们的根""救救澳门""保护我们美好的家园""请善用我们澳门人的土地""澳门市民加油！！团结起来，相信我们可以的！""请好好保育澳门仅存的且宝贵的湿地资源，好对我们的下一代有一个交代"等。因为这种"澳门""澳门人""澳门文化""澳门土地""澳门·美好家园"的集体情感，网民实际上已经形成一个留住回忆、保护家园的情感社群，其保护鹭鸟林的活动正是澳门当下的、具体的、本土的实践，也充分表演了一种更为单纯具体的、更具地方意识的"澳门人"地域身份认同。

第四节　认同计划的行动路径

"保护龙环葡韵鹭鸟林"不仅形成了一个基于"澳门·美好家园"的情感社群，而且是一次认同实践和文化行动，展现了认同力量的行动性和计划性，以及认同表演从虚拟空间走向现实社会的可能路径。卡斯特尔在论述"认同的力量"时，已经揭示了身份认同与社会运动之间的内在联系，即社会运动需要放置于特定社会情境之中并从其中的身份认同中取得合法性和原动力，而反过来在相应身份认同推动下的社会运动也会不断回馈并强化这一原身份认同。为了充分阐释这一相互关系并加强理论的说服力，卡斯特尔在"合法性身份""抗拒性身份"之外，提出了"计划性身份"，指涉全球化网络社会下，女权主义运动、环保主义运动等社会运动与建立新的身份认同之间的关系，并暗示在社会运动与身份认同互动过程中社会整体结构的变化。

虽然"保护龙环葡韵鹭鸟林"行动在一定程度上表演了这种"计划性身份"的可能性，但是其表演剧目只是传统保守的"签名""请愿"，与真正全球化的女权主义思潮、同性恋平权运动等仍有很大的差距，不是成熟的、持续的"计划性身份"的行动路径，这同样是由澳门特定的语境以及语境下传统的

"中国人"和"澳门人"身份认同所共同决定的。如前文所述，澳门传统的"中国人"和"澳门人"身份认同其实并不互相排斥，某种程度上甚至是被建构得天然合理、浑然一体的。因此，"爱国爱澳"实际是在共同定义澳门，定义澳门人的特质，进而定义澳门人的行为规范，成为政府规范公民行为、限制社会运动的工具。在"爱国爱澳"身份认同建构方案之下，澳门并没有像香港那样建立起具有国际性和本土化的身份认同，相反，却把澳门人定义为澳门这个"宁静的小城"里，互相体谅而不爱冲突、彼此和谐而不会抗争的沉默的、朴素的人群。这种不爱冲突、不会抗争的"小市民"形象在澳门的文学作品中也有所呈现，被描绘为"没有梦只有低头的小市民"①，在复杂多变的政治环境中"乖乖低头，接受被支配的现实"②。在此规范工具和限制模式之下，澳门人很难在传统社会中发展出具有冲突性的、成熟意义的"计划性身份"。

不过，网络社会为全球化"计划性身份"的建构提供了机会，澳门网络社会的发展也为澳门本土的"计划性身份"增加了可能性和创造性。这种可能性和创造性不仅来自网络技术的发展，也来自网民主体的变化。澳门青年世代以几乎100%的上网率，成为真正意义上的"网络世代"，天然地生活于网络之中。这些"网络原住民"更热衷于社会运动并且在社会运动中更积极、更有创意地运用和生产网络新媒体。而在这一过程中，青年网民也在体验新的认同实践，存在某种另类的"计划性身份"的可能。本书在田野调查中也发现了许多以澳门青年为主体、以网络为基础的政治社会组织的兴起，比如"三十行动""澳门良心""新马路"等。这些网络青年组织不仅关注传统的政府监督、政制改革议题，而且关注民生问题、文化权利、动物保护等议题。与澳门传统民主组织以渐进式方式在原有政治体制中推进政治改革不同，以"行动捍卫公义，超越开创未来"为口号的这些青年组织，一方面，立足于网络平台，以网络为阵地进行政治参与，比如"三十行动"就是由4位不足30岁的年轻网民靠自制政治讽刺剧在网络上一炮走红，"新马路"系列巴士讽刺漫画在澳门Facebook平台蹿红；另一方面，在谋求立法会选举并参与议会政治的同时，他们也倾向于将网络上的政治行动延伸成为街头行动。

不管是线上行动还是线下行动，这些青年行动者基本上都倾向于诉诸有地

---

① 贺绫声：《小市民没有梦只有低头》，《文化杂志》2011年。
② 曾一果：《去殖民化以来"澳门意识"的媒介建构——以〈文化杂志〉"中文版"为研究对象》，《全球传媒学刊》2012年第12期。

方性、有特色的"恶搞文化"行动。"恶搞文化"是一种特殊的文化实践，这里主要是指网民对日常生活中熟悉的影视文化符号、元素、时事题材、传闻等进行改造加工，把原本不协调甚至毫不相关的符号元素拼凑在一起，移花接木、颠倒语境，创造出颠覆性的论述、影像，产生意想不到的诙谐或戏剧效果。对此，澳门网络活跃人士崔先生作出了现实性的解释："恶搞讽刺创作可以刺激沉闷的澳门政局，通过更多元化、具有发泄性和喜剧效果的方式和途径，向政治冷漠的澳门人尤其是年轻人，展现本地社会政治问题。"由此可见，"恶搞文化"更多的是因应年轻网民的一种策略性选择，善于在既有的意义、符号以及论述基础上加以延伸、挪用、改造、颠覆，从而将事件戏剧化并生产反抗的破坏性文化资源。因此，这种"恶搞文化"一方面具有亨利·詹金斯（Henry Jenkins）所倡导的"参与式文化"的特点，即网民消解了"生产"与"消费"的界线，成为"消费生产一体化"的"产消者"①，既是网络文化的生产者，也是网络文化的消费者，拥有了重新演绎、自我诠释的权利；另一方面也类似于欧美地区行动主义者的"文化干扰"（culture jamming），通过挪用、强化或夸大，以及破坏等方式进行文化抵抗实践。② 近年来，这种原本线上的文化活动正被越来越多地运用到线下，或者线上、线下协同行动。原本线上虚拟的文化恶搞，正逐步变成线下实质的文化行动，比如"仆街 CTM"和"社会行动绿巴加价"行动。而且，对于行动的组织者而言，这种从线上到线下的行动路径有着强烈的自觉性和策略性。

"仆街 CTM"行动中，CTM 是澳门最大的电信、网络服务提供商，其市场垄断地位以及与收费不匹配的服务常令澳门网民不满。以往网民对 CTM 的服务（特别是断网事件）的不满往往通过恶搞的方式表达。比如，有网民把当时热播电影《保持通话》的海报恶搞成《冇得通话》，指责断网事件导致无法进行通话、联络，海报中央是爆炸的 CTM 标志，该海报获得超过 2 000 人点赞。在网络恶搞之外，澳门网民成立"澳门仆街网民"Facebook 群组，开始从线上走到线下，进行实质的文化行动。2011 年 5 月 17 日"世界电信日"当天，年轻的澳门网民在澳门人流最密集的议事亭前地商业区 CTM 公司外，摆出"仆街"

---

① Bruns, A., *Blogs*, *Wikipedia*, *Second Life and Beyond*：*From Production to Produsage*, New York：Peter Lang, 2009.

② 刘世鼎、劳丽珠：《网络作为澳门的另类公共领域》，《新闻学研究》2010 年第 102 期。

动作①，以表达对 CTM 的不满，活动现场形成一种强烈的文化景观。网民还把活动照片上传至 Facebook 群组，得到逾 3 000 名网民的回复和评论（资料截至 2011 年 5 月 19 日 0：00），如"用行为艺术表达不满，无声胜有声""说实话，这是近期最有意思的反霸权行为！""反对独市生意！！！"。时隔一年，澳门网民在 Facebook 上再次发起"仆街快闪"活动，"仆街 CTM"逐渐仪式化为每年"世界电信日"的一个节日表演。行动结束后，CTM 派出近 10 名工作人员听取网民代表的意见。

　　另一个文化行动的案例是澳门网民"社会行动绿巴加价"行动。"绿巴"为澳门三大巴士运营公司之一。2012 年 6 月"绿巴"与其他两家巴士运营公司联合向澳门交通局申请巴士服务加价 23%，事件引起社会的强烈反弹，更在澳门网络上不断发酵，恶搞作品很快充斥网络。除大量网络恶搞之外，实质的文化行动也随之而来。2012 年 7 月 7 日，Facebook 专页"港澳新一代视讯频道 IMT Channel"发起一项民意调查，希望通过"点赞"和"分享"表达对巴士公司加价的反对，获得 6 514 人点赞、2 306 次分享、338 则留言，均表示"反对三间巴士公司加价"（资料来源截至 2012 年 7 月 27 日 24：00）。网民还为游行活动建立了专门的 Facebook 群组"澳门巴士加价，我反对"，发起并组织了两个线下公开活动："七·一五澳门市民反巴士服务费加价游行"，在 Facebook 上邀请到 9 880 人参加；"反对巴士服务费加价！街头签名行动，你我一齐参与！"活动，Facebook 上有 7 269 人参加（资料来源截至 2012 年 7 月 15 日 24：00）。

　　这些活动都发起、动员、组织于网络，又都从线上走到了线下进行实质社会行动，而行动的照片最终从线下输送回线上，在 Facebook 群组、讨论区供网民讨论、分享、传播。在线下的活动现场，有签名、游行和演讲等活动方式，吸引媒体采访、拍摄以及市民围观参与；同时，众多"仆街""街头绿巴"等行动都被及时地放到 Facebook 上讨论。面对网民从线上到线下的行动，以及社会的强烈反弹，澳门特区政府最后裁决，要求三家巴士公司在改善服务至达标前，不会继续审批其调升服务费的申请，而绿巴的申请方案也直接被当局退回。

　　以上两个案例，澳门网民作为网络文化的消费者、生产者、参考者、行动者和传播者，通过恶搞的表演形式组织自主传播，表达日常生活的不同体验和

---

　　① "仆街"意指倒地而死、横尸街头，原为咒骂别人"仆街死"，是粤语的惯用语及俗语，类似普通话中的"混蛋、去死"。

要求，作为一种另类的文化抵抗表演，不仅打开了争夺话语权、形成反抗霸权力量的另类公共空间，同时也实践了公民不服从行动，[①] 展示了年轻网民借创造性文化行动从线上到线下表演另类"计划性身份"的可能路径。

小　结

在脉络化、情境化的前提下，本书聚焦澳门网民的认同表演及其背后的认同政治，既展现澳门人网络身份认同的政治光谱，也试图勾画这些身份认同之间冲突、暧昧和动态的内在关系；同时，更希望从"表演"的研究取向，在"什么"的维度之上探索一个"如何"的过程，即网民如何具体表演其认同的力量。这一问题虽然借鉴了卡斯特尔的身份认同概念来组织澳门网络认同表演的三个面向，但并不是完全套用并分别验证这三种身份认同，而是结合澳门的历史脉络和实际情境，通过这种具体的微观实践经验，对卡斯特尔的原有框架进行一定的补充与修正。

首先，网络提供了认同表演的异质空间，使传统的合法性身份认同自我暴露，成为差异性认同表演的对象、目标和资源。传统的合法性身份认同在网络空间没能延续其昔日的主导性、支配性地位，反而成为凝聚认同表演力量的具体对象和明确目标。同时，原来合法性身份的建构资源，在网络空间内反而成了可供盗猎、挪用和改造的抵抗资源，网民可在此基础上进行日常生活的战术性表演。

其次，网络培育了认同重建的情感社群，使传统的抗拒性身份认同有了情感面向和社群基础。卡斯特尔认为"地方自治主义"或者说"社群主义"（communalism）是针对合法性身份的主要抗拒力量，而且很容易依据其所受压制而划定出其抗拒的疆界。[②] 但是，非西方情境和网络空间不一定有这种地方自治主义的传统，也不一定有这种有自治经验的社群；即使有，比如澳门传统

---

①　刘世鼎、劳丽珠：《网络作为澳门的另类公共领域》，《新闻学研究》2010 年第 102 期。

②　Castells, M., *The Information Age: Economy, Society and Culture. Volume II: The Power of Identity*, Oxford: Blackwell, 1997, pp. 8 – 9.

社团，也不一定能够实现其网络存在。因此，新兴的网络社群往往是在网络空间全新聚集的社群，而非传统地方社群的网络化；同时，也往往是基于同好、通感和共鸣等共同情感而聚集的情感社群，而非现实利益共同体以及其自治传统。另外，这些网络情感社群的认同重建往往没有遭受合法性身份的过多压制，更无所谓抗拒的疆界；相反，它们往往还与其保持某种模糊暧昧的关系，最多只是通过淡化"远离"而非直接"抗拒"。

最后，网络发展了认同计划的行动路径，特别是可能借助本土化的文化干扰实践，发展出从线上到线下的行动路径。这种行动路径不仅是传统"社会运动—计划性身份"，比如"女权运动—女权主义者"，这一计划性身份模式的网络扩展，实际也对这种——对应模式提出新的挑战。在网络社会，社会运动与计划性身份之间可能已经没有必然的直接联系，至少很多从线上到线下的文化实践者根本来不及"命名"自己的身份认同便又投身到其他文化实践中，因此，关注的焦点可能不在于"社会运动—计划性身份"对应模式的两极，而是处于连接两极的"实践者"。比如，青年网民作为"网络原住民"世代的崛起，其数字化生存经验而带来的实践另类的"计划性身份"的可能。这种可能性的开放也进一步说明，卡斯特尔的计划性身份认同概念不应该是"计划基础"（project-based）或者"计划导向"（project-oriented）的身份认同，而应该是一个动态、主动和进行时状态的"计划式"（projecting）身份认同；同时也不应该是一个全球化统编划一的"女权主义者"之类的计划性身份认同，而应该对地方性和另类性实践经验持更开放的态度，并预期更多的可能。

除了对于认同力量的实践经验和理论补充，在这里我们还需要思考这种认同表演在澳门情境下其背后的现实意义和政治意涵。诚如斯图亚特·霍尔所言，身份认同总是对应着相应地认同的政治、立场的政治。[①] 认同力量的表演，背后也将牵涉可能的认同政治的嬗变。

面对这一现实要求，我们更要重视网络身份认同的表演，特别是警惕这种认同力量的传播和嬗变，可能指涉着一个新的认同政治的浮现。如前文所述，以往的澳门身份认同研究更多的是从自上而下的治理者视角关注认同建构方案的建构，而从身份认同的表演性的研究取向，我们却可以从自下而上的被治理

---

① Hall, S., Cultural Identity and Diaspora, in Rutherford, J., ed., *Identity：Community，Culture，Difference*, London：Lawrence and Wishart, 1990, pp. 222 – 237.

视角，看到以往的被建构者、被治理者如何应对自上而下的建构方案而进行自我抵抗、重建和计划。因此，澳门网络身份认同的表演，同时也表演了策略性、创造性、能动性和抵抗性的"被治理者的网络政治"（cyberpolitic of the governed）或者"其他途径的政治"（politics by other means），① 既打开了一个权力抗争、阶级重整、社会分层、小区形塑和文化干预的场域，也为网民提供了一个批评和情感宣泄的工具，以及颠覆权威话语的方式，并提供了另类的权力轨迹，从而允许网民逾越既有的身份认同。这种认同政治本质上是一种不服从的批判政治，表达了对认同和主体屈服化的拒绝，而这也正是米歇尔·福柯（Michel Foucault）所宣称的"批判"的意义所在。②

---

① Liu, S. D., The Cyberpolitics of the Governed, *Inter-Asia Cultural Studies*, Vol. 14, No. 2, 2013, pp. 252 – 271.

② Foucault, M., *The Politics of Truth*, Los Angeles：Semiotext(e), 2007.

第六章

再想象的网络社群

…… ……

在前面几章的内容中，不管是网络非物质劳动、SoMoLo 新闻与行动，还是身份认同的表演等，实际都与"社群"或"共同体"（community）密切关联。比如，澳门青年网民在进行网络非物质劳动时，固然有个体化的一面，但也有"需要关系"的一面，而且也在"生产关系"，而这种"关系"很大程度上就是各种各样线上线下的"社群"。同理，当澳门青年网民在进行 SoMoLo 新闻实践时，固然是一个个独立的普通青年网民在充当 SoMoLo 记者和编辑等，但实际上往往也都基于特定的 Facebook 群组和网络社群，其 SoMoLo 新闻也都汇聚到相应地 Facebook 群组和网络社群。而身份认同的表演，不管是"合法性身份""抗拒性身份"还是"计划性身份"，都离不开特定的 Facebook 群组和网络社群。因此，某种程度上，各种各样的 Facebook 群组和网络社群实际上是澳门青年网民进行各种网络实践的基础。在全球化、现代化和后现代化进程中，伴随着自由主义、新自由主义和自由市场等思潮，欧美大陆甚至全球都在经历一波"个体化"和"全球化"的浪潮。在这看似矛盾的两个进程的背后，实际上还有一个中间的"新部落主义"（new tribalism）推动下的"部落化"（tribalization）的趋势。① 特别是在互联网等信息通信技术的推动下，实际上不存在真正的"个体化"的私密空间或者"一体化"的大规模社会，而是在个体与社会关系之间形成新的独特的关系，即"新部落"——个体无视"大社会"的价值观，而寻找自己喜欢的"部落"组织并更重视"部落利益"和身份认同。上述澳门青年网民依托各种社群进行的网络实践，某种程度上也契合这种"新部落主义"下"部落化"的趋势。因此，本章将聚焦并探索澳门网络的各种新部落、社群和共同体，并将具体围绕本尼迪克特·安德森（Benedict Anderson）的"想象的共同体"（imagined communities）的概念进行文献综述和理论讨论。

从历史上看，媒体，包括本章讨论的数字时代的互联网等，在特定群体的归属感的形成中发挥了关键作用，从而创造了各种形式的共同体。例如，安德森在其开创性著作《想象的共同体》（*Imagined Communities*）中提出，媒体可以消除包括国家领土内的各种地理界限内的各种变化和矛盾，允许人民创造一种共同的民族意识，并将自己置身于这种想象的共同体之中。从这个意义上说，

---

① Maffesoli, M., *The Time of the Tribes: The Decline of Individualism in Mass Society*, London: Sage, 1996.

大众媒体，特别是传统的印刷媒体，可以被认为是一种新形式的想象的共同体——"民族国家"的重要组成部分。但是，安德森的理论一直被批评有"欧美中心"的倾向，尽管安德森的视野并不在欧美本身，而且已经是一种近乎静态（static）的解释框架了，忽略了其他的国家和地区以及时代和社会的变迁。①此外，安德森的理论是在印刷媒体和印刷资本主义时代发展起来的，因此，在新媒体和信息资本主义时代，它是否仍然具有适用性也存在疑问。最后，安德森的研究将民族设定为想象的共同体的唯一方式，这严重限制了我们对想象的共同体以及社群的可能性的理解。

因此，本章主要以安德森"想象的共同体"的理论概念为基础，但更紧扣后续学者对其理论概念的种种批评和修正，尝试在非欧美语境下，面对世界潮流特别是互联网等信息通信技术快速发展的新背景下，在"民族国家"的身份认同想象之外，探索共同体、社群和新部落的其他可能性。具体而言，本章将考察数字时代澳门特定语境脉络下其网络空间中各种"再想象的共同体"。

第一节　再想象的共同体

一、变化中再想象共同体

"社群"或者说"共同体"（community）这一概念，可以追溯到黑格尔对个人主义的批评和马克思主义的阶级批判，其重点是强调"共同体关系"（communal relations），如宗教团体、亲属关系和民族等对社会的重要性。②尽管社群研究或者共同体研究已经成为社会科学中最受欢迎的研究领域之一，但它

① Chatterjee, P., Whose Imagined Community?, *Millennium：Journal of International Studies*, Vol. 20, No. 3, 1991, pp. 521 –527.

② Tayebi, A., "Communihood"：A Less Formal or More Local Form of Community in the Age of the Internet, *Journal of Urban Technology*, Vol. 20, No. 2, 2013, pp. 77 –91.

仍然是最难以捉摸的和模糊的概念之一，其实，"很大程度上没有具体含义"①。不同学者根据上述不同的共同体关系，提出了"共同体"的各种定义。例如，史蒂芬·琼斯（Steven Jones）把一个共同体定义为"一个有界的领土（无论是身体的还是意识形态的）"②。埃齐奥尼（Amitai Etzioni）认为，共同体是一个在社会上既有责任又有权利的社会群体。③ 斐迪南·滕尼斯（Ferdinand Tönnies）提出共同体建立在与传统领土和地方相关的共同价值观、信任、同情和亲密关系的基础之上。④ 珍妮佛·卡亚哈拉（Jennifer Kayahara）则认为共同体是基于共同体内成员地位选择基本模式的一种相对自治的社会单位。但是，这些定义主要集中在"共同体关系"的"具体"（concrete）层面，特别是具体的基于领土、地方和地点等，而不是"归属感"的"抽象"（abstract）层面。从这个意义上来说，共同体通常被定义为"清晰可辨的、具有明确界限的空间划分实体"⑤。

　　然而，安德森认为，社群或者共同体是超越这些"具体"关系的存在，因此他转向"抽象"的归属感层面，以灵巧的方式将共同体的起源视为"想象的"。安德森指出，"所有基于面对面接触的原始村庄（甚至是这些村庄），都是想象出来的"。具体来说，安德森将一个民族国家定义为"一个想象的政治共同体——并且它被想象为是本质上有限的，同时也是享有主权的共同体"。一个共同体是"想象的"，因为"即使是最小的民族国家的成员，也不可能认识他们大多数的同胞，和他们相遇，或者听说过他们，然而，他们互相联结的意象却存在每一位成员的心中"。民族被想象为一个"共同体"，因为它"始终被认为拥有一种深厚的、平等的同志情谊"，实际上这种"深厚的、平等的、同志情谊"涵盖了各种形式的包容与排斥、局内人与局外人以及不平等与剥削。安德森的研究为共同体和民族主义的内涵提供了新的见解，"想象的共同体"

　　① Day, G., *Community and Everyday Life*, London：Routledge, 2006, p. 1.

　　② Jones, S., ed., *Virtual Culture：Identity and Communication in Cybersociety*, London：Sage, 1997, p. 39.

　　③ Etzioni, A., *The New Golden Rule：Community and Morality in a Democratic Society*, New York：Basic Books, 1998.

　　④ Tönnies, F., Community and Society, in Lin, J. & Mele, C., eds., *The Urban Sociology Reader*, London；New York：Routledge, 2005, pp. 299 - 307.

　　⑤ Kayahara, J., Community and Communication：A Rounded Perspective, in Purcell, P., ed., *Networked Neighborhoods the Connected Community in Context*, London：Springer, 2006, p. 134.

的概念似乎经受住了时间的考验，苏联的解体以及东欧一系列民族国家的建立，似乎便在一定程度上呼应了安德森的民族国家作为一个"想象的共同体"的理论。①

　　然而，安德森的研究仅仅为我们提供了研究此类问题的一个重要的创造性视角和方法，是一个重要研究进路的开始而非终结，因此后续有很多重要学者和研究对其展开发展性的批评和延续。例如，帕尔塔·查特吉（Partha Chatterjee）认为，安德森的研究突出了外部领域，即想象的共同体的"物质"面向如印刷媒体等，而忽视了内部领域，即其"精神"方面。此外，查特吉认为安德森在欧洲和美洲发展了"想象的共同体"的概念，并将其"模块化"（modular），以便被殖民地采用，但它并没有给殖民地留下"想象"的空间。因此，查特吉认为安德森的概念是以欧洲和美洲为中心的，他不仅质疑这个概念是否能够很好地推广到其他环境，而且批评它本身可能就是一种新的殖民形式，他宣称因为这种西方的规范性理论概念，"甚至我们的想象力也必须永远被殖民化"②。

　　其他学者认为安德森的"想象的共同体"只是一个"酵母"，还需要我们继续而且重新想象共同体，不仅需要在其他环境下，而且还需要在一个持续的变化过程中再想象共同体。例如，约瑟夫·伊茨格桑（José Itzigsohn）和马蒂亚斯·沃姆豪（Mathias vom Hau）认为，安德森的概念集中在想象的共同体中民族主义的"出现"（emergence），但忽视了民族主义的"变化"（transformation），即共同体的想象力如何随着时间的推移而"演变"（evolve）。因此，他们提出了一个"未完成的想象的共同体"（unfinished imagined communities）的理论框架，将民族共同体视为"另类叙事、国家意识形态和文化脚本之间的持续张力"③。通过这一理论框架，他们不再将"想象的共同体"视为一个静态的概念，而是将它视为持续不断的张力和冲突下的、进行中的构建过程。哈里斯（Haris Theodorelis-Rigas）也提出，虽然安德森强调了想象的共同体的"形成"（becoming），但在他的研究结束时，他的重点最终转向了想象的共同体中的

---

　　①　Anderson, B., ed., *Imagined Communities*：*Reflections on the Origin and Spread of Nationalism*, London：Verso, 1991, pp. 6 – 7.

　　②　Chatterjee, P., Whose Imagined Community?, *Millennium*：*Journal of International Studies*, Vol. 20, No. 3, 1991, p. 521.

　　③　Itzigsohn J. & vom Hau, M., Unfinished Imagined Communities：States, Social Movements and Nationalism in Latin America, *Theory and Society*, Vol. 35, No. 2, 2006, p. 197.

"存在"（being），换言之，强调了静态的"存在"而对动态的"形成"其实关注并不充分。① 同理，詹姆斯·布朗（James Brow）也认为，共同体的社群化和社会化也是"社会生活中一个持续和普遍的过程"，而不是我们想象中的一个既定事实。②

二、网络中再想象共同体

在数字时代重新想象共同体尤为重要。正如安德森所言，"区别共同体的方式，不是以他们的虚假性或真实性，而是以他们被想象的方式"③。以互联网为代表的信息通信技术的发展，便为数字时代的人们的共同体想象提供了新的"方式"（style）。互联网的发展不仅标志着媒体从传统印刷媒体向新型信息媒体的转型，而且标志着整个全球大背景从"印刷资本主义"向"数字资本主义"或"信息资本主义"的转型。在这一转型中，安德森的"想象的共同体"概念似乎"无法有效地解释通信和运输技术的最新变化可能会对想象共同体的关键进程产生的影响"④。因此，在数字时代的信息资本主义社会大背景下，我们需要重新想象共同体，特别是在互联网的虚拟网络空间中再想象共同体。

互联网空间作为一个全新的虚拟空间，为我们提供了各种"虚拟社群"和"虚拟共同体"，也给我们提供了重新审视"想象的共同体"新的可能性。例如有学者研究了离散族群和移民群体如何基于互联网重新"想象"他们的祖国和家园。⑤ 琼斯还进一步提出，想象的共同体也可以"指与'虚拟共同体'相一致的特征、认同或兴趣"⑥。因此，想象的共同体在互联网虚拟空间也同样适应

---

① Theodorelis-Rigas, H., From "Imagined" to "Virtual Communities": Greek-Turkish Encounters in Cyberspace, *Studies in Ethnicity and Nationalism*, Vol. 13, No. 1, 2013, pp. 2 – 19.

② Brow, J., Notes on Community, Hegemony and the Uses of the Past, *Anthropological Quarterly*, Vol. 63, No. 1, 1990, p. 1.

③ Anderson, B., eds., *Imagined Communities: Reflections on the Origin and Spread of Nationalism*, London: Verso, 1991, p. 6.

④ Ullock, C. J., Imagining Community: A Metaphysics of Being or Becoming? *Millennium: Journal of International Studies*, Vol. 25, No. 2, 1996, pp. 425 – 441.

⑤ Helland, C., Diaspora on the Electronic Frontier: Developing Virtual Connections with Sacred Homelands. *Journal of Computer-Mediated Communication*, Vol. 12, 2007, pp. 956 – 976.

⑥ Jones, S., eds., *Virtual Culture: Identity and Communication in Cybersociety*, London: Sage, 1997, p. 39.

而不是消失了，其会变成一种新的意识状态，并且逐渐脱离特定地点、社区和经验的限制，在互联网虚拟空间中形成或者融合成为"虚拟社群/共同体"（virtual communities）。因此，通过互联网空间重新想象共同体，一方面是进一步挑战了传统的基于具体地域、边界和领域等共同体的理解，另一方面是在新的空间语境下形成对安德森"想象的共同体"概念的批评和延展。

　　然而，网络空间中再想象共同体并不意味着不切实际的空想，我们也不能理所当然地认为互联网等信息通信技术的发展能够根本性改变"想象的共同体"的性质，即将互联网等信息通信技术放置于共同体想象的核心位置并将其视为再想象共同体的决定因素，否则将会陷入技术决定论的风险。此外，互联网空间中再想象的共同体还面临其他诸多批评，因为基于互联网空间的共同体想象固然有其天然的优势，却也有不可回避的劣势。比如，有学者指出，因为虚拟空间的共同体太容易构建了也相应太容易消亡了，"可以很快变得活跃和突出，同样也可以很快完全消失"①。而且，由于互联网空间的虚拟性，其构建的共同体往往也具有"显著的断裂性、异质性和流动性"②。有学者甚至因此批评互联网空间再想象的共同体最多只能算是"伪共同体"或者"虚假共同体"（pseudo-communities），因为它们所谓的共同体特征只是"虚幻的接近性和虚假的联系性"，它们之间脆弱而短暂的联系缺乏传统共同体的内部复杂性和相互承诺性。③ 因此，总体而言，互联网给共同体想象提供了新的可能性，但也带来新的问题，需要我们在更具体的语境下更仔细地考察共同体或者社群的想象的类型、方式和特征等。

三、民族主义之外再想象共同体

　　要在互联网空间再想象共同体并充分探索共同体想象的更多可能，首先需要突破"民族主义"的禁锢，即我们不仅要在不断变化的进程中再想象共同体，在互联网虚拟空间中再想象共同体，更需要在民族主义之外再想象共同体。

---

① Lievrouw, L. A. & Livingstone, S., eds., *The Handbook of New Media: Social Shaping and Social Consequences of ICT*, London: Sage, 2006, p. 62.

② Theodorelis-Rigas, H., From "Imagined" to "Virtual Communities": Greek-Turkish Encounters in Cyberspace, *Studies in Ethnicity and Nationalism*, Vol. 13, No. 1, 2013, p. 5.

③ Robins, K. & Webster, F., *Times of the Technoculture: From the Information Society to the Virtual Life*, New York: Routledge, 1999, p. 248.

虽然安德森把"民族主义"作为《想象的共同体——民族主义的起源与散布》中副标题的核心概念和主体，民族国家相关的身份认同问题也是"想象的共同体"首要关注的问题，但是，民族主义以及民族国家始终只是想象共同体的一种方式，尽管可能是最重要最深刻的一种方式。这是因为，民族国家和民族主义作为一种想象的共同体，往往近乎"本质性"地决定一个人的身份认同和意识形态，而在集体层面，极端的民族主义还可能带来分裂、仇恨、流血甚至战争。① 由于这种民族主义的想象和意识形态，想象共同体内的人们甚至愿意为他们的民族而死，因为他们对其民族有着"深深的、自我牺牲的爱"（profoundly self-sacrificing love）②。因此，在某种程度上，民族主义和民族国家已经成为想象共同体的唯一方式。正如哈特和奈格里所言，"这可能是真的……一个民族国家应该被理解为一个想象的共同体，但是……这个说法却被颠倒了，民族国家成了想象共同体的唯一途径！每一个共同体的每一点想象都被过度解读为一个民族国家，因此我们对共同体的观念是严重匮乏的"③。

为了突破"民族主义"的禁锢，许多学者已经提醒，我们需要在民族主义和民族国家认同之外寻找重新想象共同体的方法和途径。一方面，随着全球化的深入和信息通信技术的发展，在一个全球化的网络社会中，共同体的想象及其身份认同的建构，实际上已经不仅超越了现实的国界边界，也超越了现实的民族国家，是民族国家、全球化、信息通信技术以及身份认同的力量（民族的、领土的、种族的、宗教的、社会生物的等）之间相互作用的结果；另一方面，在这个数字时代的网络社会中，互联网已经成为我们的"现世存在"（being-in-the-world）的所在，承载了我们对世界而非仅仅是对民族国家的种种理解、感知、意义和归属。因此，互联网被认为能够创造、构建和展示各种形式的想象的共同体和相应地身份认同。因为有了互联网，民族国家再也无法垄断身份认同的生产，民众能通过互联网协商、争夺和建构异质性的身份认同。

实际上，上一章关于互联网空间中"身份认同的表演"某种程度上也是对这种想象匮乏的回应，特别是卡斯特尔关于网络社会身份认同的三分类，更是

① McCabe, G., Imagining Community, *New Blackfriars*, Vol. 93, No. 1047, 2011, pp. 562 – 571.

② Anderson, B., ed., *Imagined Communities: Reflections on the Origin and Spread of Nationalism*, London: Verso, 1991, p. 141.

③ Hardt, M. & Negri, A., *Empire*, New York: Harvard University Press, 2000, p. 107.

对民族主义和民族国家认同之外共同体想象的重要贡献。对于卡斯特尔而言，民族国家往往就是一种合法性、支配性甚至是霸权性的想象的共同体和身份认同，一种在"社会中占据支配地位的建制"，同时又是一个"政治变革的优先地域"。这是因为，处于被支配和被宰制地位的人们，总是能在网络社会中变成行动者，"建立起抵抗和生存的壕沟"，即通过建立另类的想象共同体和抵抗性的身份认同，作为合法性身份认同的异质性甚至是反对性的存在。除此之外，网络社会中的行动者还会围绕他们的行动，特别是"基于他们是什么，或者相信他们是什么"，进行新的想象共同体以及计划性身份认同的建构，即"根据他们所能得到的任何文化材料，建立一种新的身份认同，以重新确定他们在社会中的地位，并以此寻求整个社会结构的转变"[1]。

　　因此，安德森的"想象的共同体"实际是创造性地打开了共同体研究的一个全新视角的领域，而后续的批评批判性研究，则是延续和延展这一视角和领域，在变化的进程中、在互联网空间上和在民族主义外，探索想象共同体的更多的可能性，以及各种可能之间相互作用的内在复杂性。上一章"身份认同的表演"在某种程度上便是具体考察"民族国家"相关的想象的共同体及相应地合法性身份认同、抵抗性身份认同和计划性身份认同的内在张力。本章从大的视角来看，是对上述"想象的共同体"可能性探索的延续，并尝试在澳门的具体语境脉络下，探讨澳门青年网民另类的共同体想象实践；从小的视角来看，则是对上一章，特别是对"计划性身份认同"部分的深化延展，即考察澳门青年网民在民族国家身份认同之外，如何在互联网空间打开更多的另类的共同体想象与身份认同计划的可能。

第二节　传统社团社会的网络映射

　　作为一个典型的"社团社会"，各种传统社团，如澳门中华总商会、澳门街坊会联合总会和澳门工会联合总会等，在澳门传统社会中扮演着重要的角色，

---

① Castells，M.，*The Rise of the Network Society*，Oxford：Blackwell Publishers，1996，p. 3.

他们不仅实际影响、服务和管理澳门居民的日常生活，在政治上甚至扮演着准政党的角色，是澳门政治生态中的重要政治力量。在数字时代，澳门的传统社团也逐渐跟随互联网浪潮形成网络化社群组织，促使澳门的网络社群也在一定程度上延续了澳门的"社团社会"特征。本书在田野调查过程中发现了一系列澳门传统社团的网络化现象，并形成网络化的澳门"社团社会"——澳门街坊会联合总会、澳门扶康会和澳门利民会等传统社团；澳门负责任博彩协会、公务员文化协会、澳门教师社群等职业联会；澳门江门同乡会、澳门福建同乡会、澳门潮州同乡会等地域性协会；澳门大专学生资讯、上海高校澳门学生联合会、澳门理工学院管校学生会、澳门留台学生校友会等学生会；澳门剧场文化学会、澳门茶艺专业人员协会、中华文化产业促进会、澳门动漫文化艺术交流促进协会等兴趣协会。

其中，已在线下成立三十多年的澳门街坊会联合总会（简称"街坊总会"）是典型代表。街坊总会成立于1983年，以"坚持爱国爱澳、拥护'一国两制'、团结坊众、参与社会、关注民生、服务社群、共建和谐社区、促进特区发展"为宗旨，积极参与澳门社会事务。目前街坊总会由27个地区街坊会、30个附属机构、50多座大厦业主会和社区组织组成，在澳门开办了2所学校、3间托儿所、30多个不同类型的服务中心、6间学生自修室及3间诊疗所。截至2018年年底，街坊总会有理事会成员200余人，专职人员逾30 000人，义工2 600人，每年跟进澳门居民案件超过6 000个；理事会下设社会事务、社会服务、北区工作、中区工作、离岛工作、公民教育、体育、青年事务、妇女事务、大厦工作、社区经济事务及财务等13个工作委员会，并设有秘书处。自回归以来，街坊总会共诞生5名立法会议员；在2017年最新一届的澳门立法会选举中，何润生获得连任。在街坊总会的Facebook专页中，发布街坊总会在线下举办的相关活动的比例最高，占比83.9%，如组织各区坊众联谊会、开展社区活动、探访独居老人等。其他信息或为政府官员会见街坊总会成员；或为社会民情提醒，如提醒台风即将到来、组织灾后工作；或为公益宣传，如鼓励减少塑料使用、进行垃圾分类等。从网民回复来看，大多数网民对街坊总会表示满意，留言如"用心服务居民，尽力解决社区问题！""支持街总展开多元服务，为居民！""支持社会服务工作"等。但也有部分网民持相反态度，认为街坊总会"代表市民却没有建设性的建议""每次都只出post，差不多零回复、零互动（每次都只是贴海报，却几乎是零回复、零互动）"。还有部分网民表达对街坊总会的期待，认为"至少这个平台（街坊总会的 Facebook 专页）可以留言"，希望街坊总会可以"接纳大众市民意见，记得改善进步"。

　　另一类较为典型的澳门独有网络社群为博彩业相关社群，例如"FMGI 澳门博彩最前线"。"FMGI 澳门博彩最前线"是澳门博彩业社团中关注度最高、影响力最大的，其 Facebook 专页有 14 312 人关注。这个专页建立于 2012 年，它的社团使命是"维护本澳博彩前线员工的应有权益、工作环境、待遇和福利"。为了更好地联系网民，"FMGI 澳门博彩最前线"在专页中提供了理事长个人联系方式、讨论群组信息和银行账户信息等，并明确写有"欢迎加入我们的论坛群组"字样。这个群组旨在为澳门博彩业人员争取更多权益，因此发布内容主要围绕博彩业进行，例如，2018 年博彩企业发放花红（奖金）及加薪情况、赌场员工坚决反对输入外雇庄荷和博彩企业招聘日等。除此之外，这个网络群组更善于借助其 Facebook 专页组织、动员线下行动。例如，号召更多人参与"2016 全面禁烟再游行"和"2017 争取加人工（工资）游行"等。

　　传统社团的网络化，不仅表现为这些传统社团成立线上的 Facebook 专页，而且表现在社团的重要成员也开始通过个人 Facebook 专页进行个人观点的社团传播，即社团中具有一定话语权的人物（如社团主席、立法会议员等）开设 Facebook 个人专页形成以个人为中心和联结网络的线上社群，进一步扩大其线下社团的影响力。

　　根据对澳门 Facebook 中人物类专页的统计发现，受到较多网民关注的大多是澳门的立法会议员或前立法会议员，并且，常常会出现部分议员同时建立多个专页，或同属一个组织或政见相同、相近的议员通过 Facebook 专页公开互动等现象。这些议员的专页通常有专门的人员打理，因此议员的平均回复速度都相对较快，网友一般在 2 小时内会得到回复。总体而言，这些政治人物借助 Facebook 表达自己的观点，以便联络社团群众感情，增进与澳门网民的互动，以此获得澳门市民的支持。但与此形成鲜明对比的是，澳门政府官员则较少开设 Facebook 专页，澳门特首、各司司长仅仅开通了个人的 Facebook 账号且发布的内容多为"个人秀"，对时政或所属部门资讯的发布相对较少。

　　在众多议员的 Facebook 专页中，新澳门学社的成员表现最活跃并且获得了最多的网民关注。几乎所有的新澳门学社（前）成员都开设了 Facebook 个人专页，如吴国昌、区锦新等。

　　另外，新澳门学社的创社元老区锦新（2016 年区锦新表示因与新澳门学社当下理念不合而提出退社）成立的群组账号"区锦新"获得 16 133 位用户的关注以及 16 032 次点赞。其个人介绍"维护公义，不避权贵。疾恶如仇，内心长燃熊熊正义之火"，具有明显的渲染色彩。区锦新通过（长篇）网志、视频和帖子等形式，从澳门社会面对的普遍问题出发，针对的士滥收车费、拒载，《经屋法》，楼宇交易，《劳工法》等，批评澳门社会存在的不良现象和现行制度或政策的漏洞。

另一位新澳门学社的核心成员吴国昌成立的 Facebook 专页获得 1 426 位用户的关注以及 1 489 次点赞。吴国昌同样主要发布批评式议题，批评现届澳门特区政府的决策和工作效率低下等问题，关注的具体议题包括澳门新城规划、轻轨工程、公屋、澳门人权益和土地问题等。吴国昌的 Facebook 专页还经常就时政议题提出质询，如"妥善立法实现填海新城澳人澳地，严防偷步批出填海新城住宅地""促公开指定部门沿设西岸海滨长廊""动议展开轻轨系统听证""促建造及优化行人天桥，改善台山青洲筷子基一带交通""促交代移民审批监控失职问责结果"等。

而吴国昌和区锦新不仅通过各自的 Facebook 专页获得粉丝关注、支持，他们还经常互动，并共同开设 Facebook 专页（吴国昌及区锦新立法会议员办事处，Escritório dos Deputados à A. L. Ng Kuok Cheong e Au Kam San）扩大网络影响力。这一专页提出其使命是"议员办事处为各个社区的市民提供接见议员、政府资讯、行政技术支援、法律咨询、楼宇管理等平常事务。此外，亦会为有需要的团体提供行政支援服务"，同时发布吴国昌和区锦新两人的时政观点、评论和活动，形式有直播视频、书面质询等，截至 2018 年 11 月 15 日获得 5 890 位用户的关注以及 5 655 次点赞。

在新澳门学社之外，其他乡族类、中产类、博彩类澳门社团，也有较多政治人物开设 Facebook 群组专页。陈明金、麦瑞权和施家伦等民建联，通过"乡族情"吸引网民关注，因此，这一类专页都标榜"为民""基层"等。例如，陈明金在 Facebook 专页中称，自己是"用心为民、服务澳门。我承诺拼搏一生，服务一世！总之，我会继续实事求是，有碗话碗，有碟话碟"；麦瑞权表达"我来自基层"，"利澳为民，做得一件得一件"；施家伦则称自己将坚定履行"做实事，争公义"的竞选承诺，还通过群组专页邀请市民参加线下的茶聚活动（叫作"家伦茶聚"），与澳门市民讨论民生话题。

比较受到澳门中产阶层关注的重要人物林玉凤，其群组专页获得 8 381 位用户的关注以及 8 176 次点赞。林玉凤作为澳门的学者、媒体人，经常通过 Facebook 转载新闻媒体中被报纸或媒体报道的观点、言论等，将这些内容通过 Facebook 进行二次传播，主要涉及议题包括本地医疗系统费用高、动议轻轨工程、旧楼加装电梯帮助受困长者。而作为澳门支柱产业博彩业代表人物的梁安琪，也成立了 Facebook 群组专页（Angela Leong On Kei—梁安琪），获得 1 108 位用户的关注以及 1 036 次点赞，但与澳门庞大的博彩从业者数量相比，这一关注量折射出其影响范围有限。梁安琪的 Facebook 群组专页多为媒体对其个人采访的转载。因梁安琪在博彩业任职，她在 Facebook 专页中强调的诉求主要围绕澳门博彩业、旅游业展开。

除了线下社团社会向线上社群的延展，还有很多澳门社群是直接诞生于网络的，并没有线下的实体组织或政府登记。实际上，信息通信技术发展的一个重要社会影响是带来了社群形成的新形式，因为互联网作为低成本的传播工具和组织平台，能使个体和群体之间更容易找到彼此并进行同步分享、合作和集体行动，并获得一定的群体凝聚力和归属感。在澳门语境下，这些新兴的并且纯粹基于互联网的社群涵盖方方面面，包括文化生活（如"澳门书市嘉年华 Macao Book Carnival""澳门人·澳门事：旧区文化共保护，益隆活化齐参与"）、动漫（如"红叶动漫同人会""澳门灵狐动漫活动社"）、二手交换（如"澳门跳蚤市场""澳门二手车"）、澳门美食［如"澳门有乜好食（澳门有什么美食）？交流下"］、明星后援会（如"S. H. E 澳门后援会"）等。

从形式上看，这种 Facebook 群组有两种形式：一种是"社群"形式，即只有群组中的管理员才有权限发布帖子，其他普通小组成员只能"围观"、评论、转发或点赞；另一种是"公开小组"形式，即群组中的每个成员都可以在遵守公开小组制定的规则的基础上在群内发帖。同时，群组还拥有多个管理人员，管理人员有更高的权限，例如通过小组成员的加入、管理帖子等。这些群组创始人的身份大多为青年草根网民，成员是具有共同兴趣或相似需求的青年网民，他们大多通过线上交流经验，偶尔组织线下见面活动。

一个名为"澳门街"的 Facebook 群组获得 64 015 次点赞，相对澳门六十多万的人口而言，近十分之一的澳门人"赞"过这个群组。"澳门街"自称可以"每日为你提供澳门大小事，无论是好的坏的，我们都会陪着你。澳门，有我们"。这一账号以澳门路牌形象"澳门街 Rua de Macau"作为头像，将充满葡国风情的手绘形式的澳门经典建筑标志制作为动画设为头图，头图中包括澳门经典标志大三巴、东望洋灯塔、议事亭前地喷水池、葡式建筑群、新葡京、澳门手信、澳门演化、熊猫和土生葡人等，并且不时有澳门巴士、的士跑动以及划龙舟等动态图。

从专页的信息发布来看，正如该 Facebook 专页简介中提到的，这个网络群组发布的内容并没有明确的目的和指向，只是每天发布关于澳门的相关信息。例如这个群组设有"澳门 Guide 住你走"的专题，发布"秋季塔石艺墟 2018 又来啦""第 65 届大塞车精彩事""第十八届澳门美食节""澳门国际烟花比赛会演"等澳门节日或热点活动的短视频，这些视频平均 1—2 个月更新一次，观看量均接近 20 000 次。这个群组还会上传澳门官方发布的以动画形式讲解的澳门热点新闻、民生政策资讯。以《产业多元稳步发展》这则视频为例，视频由澳门新闻局制作，具体介绍《2019 年澳门财政年度施政报告》。视频内容以动画形式为主，旁白为粤语配音，字幕则为中文和葡语的双语字幕。

同类具有一定影响力的群组还包括"澳讲事""真·爱澳门""真·澳门良心"等。"澳讲事"群组的自我定位是"澳门经济、社会、民生生态，澳讲事为你提供一个平等、理性、自由的发声平台"，它的创立初衷是"我们都想澳门好，都想澳门在健康的社会、民生的生态下持续发展，'澳讲事'就是基于此概念而生"，因此，"澳讲事"希望"为社会带来第三种声音，给社会带来真正来自于民心的意见"。截至 2018 年 11 月 15 日，这一群组获得 27 624 个用户关注和 28 965 次点赞。

创建于 2004 年的"真·爱澳门"，其简介为"爱澳门，就给她一点时间让她慢慢成长……分享一流信息·打造一流专页·共建一流社会"，目前获得6 513个用户关注和 6 489 次点赞。而"真·澳门良心"的发帖相对活跃，在过去 30 天内有 82 篇新帖。它的简介明确表示"在爱国爱澳、'一国两制'和《基本法》前提下，本群欢迎任何人进来广泛交流、理性讨论。但若有版友不认同这个大前提，你可选择离开本群"。

另外一类较多的网络群组是"吹水"（闲谈）类群组，有二十几个。例如，"老饼话当年"Facebook 群组有 59 590 个成员，由于群组为公开性质的小组，即所有群组成员均有发帖权限，因此，发帖非常活跃，平均一个月的发帖量有1 300篇。群组简介是"禁卖广告，不谈政治，禁谩骂，禁粗言秽语，禁人身攻击！有失斯文，伤感情！不符合者全帖删除，情况严重者踢出群组，管理员有最终决定权"，群组简介还写道：

寻找往日的足迹……

我要再次找那，旧日的足迹；

我要找那过去，那梦幻岁月。

脑里只有她的脸，依稀想起她；

心中只想再一看，那面上满是泪痕。

每一张可爱，在远处的笑面；

每一分亲切，在这个温暖家乡故地。

雨细细、路绵绵，心中只想她。

每次走到街里，路上独对话；

在这个黑暗漫长，寂静没晚霞。

身边拥有一个你，伴着我在路途；

每一张可爱，在远处的笑面；

每一分亲切，在这个温暖家乡故地。

再次返到家乡里，梦幻似是现在；

看有多少生疏的脸，默默露笑容。

那处一片绿油油，早风轻轻吹；

听听妈妈低声诉，那旧日故事。

每一张可爱，在远处的笑面；

每一分亲切，在这个温暖家乡故地。

每一张可爱，在远处的笑面；

每一分亲切，在这个温暖家乡故地。

已过去的不可再，今天只可忆起，

一双只懂哭的眼，落泪又再落泪，

呜……

相应地，其群组的头像具有明显的怀旧风格，群组组织的活动也都是相关的"追忆往昔"的聚会，例如"澳门五六十年代生活与文化集体回忆分享会""2016年香港闪卡聚会"等。同类群组还有"澳门政改咖啡档""澳门花生友"等。"澳门政改咖啡档"自称"于2012年澳门政改一役中开档，政治讨论集中地，完全开放自由，包容各派阵型，坐低就讲，以理服人，睇你敢唔敢入嚟帮衬（看你敢不敢进来支持）"，截至2018年11月15日有11 399个成员。而

"澳门花生友"有23 054个成员，简介为"古灵精怪·即合力爆料起底分享"，总体发文活跃度不是特别高，平均一个月大概有60篇的发帖量。

第三节 新兴的青年网络化社团组织

在这类诞生、维持和发展于互联网的澳门网络社群中，其中一类非常具有代表性的就是新兴的青年网络化社团组织。尽管上述网络社群很大程度上也与澳门青年网民密切相关，但这些青年网络化社团组织则是更进一步，直接以"青年"之名聚集网民，形成特定的网络社群，显现出澳门青年特殊的活跃度、组织化和主体性，这或许也是本书绪论部分讨论到的澳门"青年震荡"的网络基础和组织基础之所在。而在本书的田野调查中，这类青年网络社群中比较有代表性的有"澳门青年动力""澳门三十行动联盟"和"澳门良心"等。

"澳门青年动力"是澳门青年自行组织的网络社群，其前身为"澳门青年动力Macao Youth Dynamics"的公开小组，小组有8位管理员，小组成员有1 911位，部分成员来自新澳门学社。"澳门青年动力"首先在2010年5月成立了官方网站，然后在11月创建了Facebook群组专页并获得10 080次点赞。在"澳门青年动力"的Facebook群组专页中，详细地介绍了这个群组创建的来龙去脉："2010年5月1日，澳门近400名青年和平游行表达诉求，青年游行对于澳门来说是破天荒的。游行虽然完了，但这只是一个开始。2010年5月23日，'澳门青年动力'正式成立，成立目的在于促进澳门青年对政治的关心和了解，凝聚青年力量，给社会了解和吸纳我们的意见，在学习中启发出正确的价值观和深刻的公民意识。"

在2010年5月23日，"澳门青年动力"正式成立，26日该社群正式成立网络群组并发布第一版章程，章程明确提到"本会是一个非牟利团体，宗旨是团结澳门青年，关心时事，推动社会公民成长"。而在此之前，"澳门青年动力"就已经在2010年5月1日通过互联网发起了"'五一'青年站起来！"游行；并且在6月5日，"澳门青年动力"还通过网站发布信息回顾这次活动，"期望社会正视青年需要，以行动鼓励青年参与社会事务"。

在青年网络社群正式成立后，"澳门青年动力"更频繁地通过 Facebook 专页、官方网站、YouTube 专页等网络渠道发布信息，并不定时动员组织线下活动。例如，2010 年 6 月 13 日，"澳门青年动力"发布预告信息，告知网民将在红街市牧民中心三楼举办以"我们的澳广视：点算？"为题的讲座；在活动结束后，活动视频被"澳门青年动力"发布在其官方网站和 YouTube 专页上。这个活动得到了媒体关注，被《澳门日报》《市民日报》《正报》等澳门知名报纸报道，而这些报道也被"澳门青年动力"转发到 Facebook 专页、官方网站等平台，形成二次传播。此后，"澳门青年动力"又成功组织了众多线下活动，其中"反对公帑告民，停止订立恶法"集会，还得到了香港《南华早报》（*South China Morning Post*）的报道。[1] 同时，"澳门青年动力"也发布很多线上帖，关注的议题集中在青年群体民生问题上。例如，居住方面的"政府慢到呕，青年促起楼！""终结地产霸权，坚守土地正义！"，教育方面的"亲子义工团""教育龙门阵省定留——留级率面面观座谈会"等。

这些线上和线下的一系列传播、动员行为，在一定程度上提高了澳门青年网民对社会和政治的关注度、活跃度，《市民日报》报道称"青年网民走出前台推进社会发展"，也为"澳门青年动力"的组织者等积累了动员和组织社会行动的经验，同样为下一章讨论的青年社会行动等埋下了伏笔。

另一代表性青年网络社群"澳门三十行动联盟"（简称"三十行动"）的会名"三十"源于《论语·为政》的"三十而立"，其社群自我解释为"即一个人到了三十岁，要有承担社会责任的觉悟，确立自己的人生目标，拥有实现目标的能力，并努力不懈地向着这个目标进发"。社群后续还对"三十"及其社群理念作了更细致的解释："在此，'三十'亦可解作二十至五十岁之间的三十年，这三十年是人生的黄金时间，许多人都在这三十年间发光发亮。我们是一群三十岁上下的澳门青年，为着相同的理念走到一起。借着'三十行动联盟'，我们从二十岁开始寻找人生方向，充实自己，在三十岁装备好自己，确立人生目标，在未来二十年间奋力冲刺，完成人生目标。以而立之年三十岁为起点，开始肩负起社会责任，积极参与社会事务，关注各种社会时事，以务实的态度，贡献社会。'三十行动联盟'将本着民主自由的精神，推动澳门政治改革及社

---

① Concern at Legal Aid Plan for Macau Officials, https://www.scmp.com/article/722863/concern-legal-aid-plan-macau-officials, 2010.

会发展，致力于建立参与社会的平台，提升居民对澳门和国家的归属感，建构公民社会，提倡独立思考、科学分析、理性讨论、积极参与的社会风气"。

相应地，"三十行动"的会徽是由闪电与圆圈组成的阿拉伯数字 30。"三十行动"在其官网自称，"闪电象征行动迅速高效、工作准确到位；圆圈代表接纳与包容，亦代表圆桌会议的公平与民主精神；同时，蓝色代表天空和大海，有海阔天空、包容万物之意；白色的闪电与圆圈代表纯洁与清廉"。

"三十行动"在 2010 年成立官网，截至 2018 年 11 月 20 日，其浏览量达到338 999 次，得到了 127 次"爱的鼓励"。此后，"三十行动"分别在 YouTube 成立"三十吹水台"，在 Facebook 成立"三十行动联盟 Tri-decade Action Union"等，开办《三十电子报》，并在新浪微博开设"三十行动"账号，并且"三十行动"还提供了电子版的"网上入会申请表"。而"三十行动联盟"的Facebook 专页不仅聚集了一批青年网民，而且成为"三十行动"和其他青年社团的线上连接点，例如"澳门青年动力""薪 Think"和"利建润—澳门长毛"等都通过 Facebook 与"三十行动"互相关注，并不定时互动。

继"澳门青年动力"和"三十行动联盟"之后，2012 年另一个具有代表性的澳门青年网络社群"澳门良心"（Macau Conscience）也正式创建。在这个社团成立之时就有一定的政治立场和明显的线下行动号召倾向。"澳门良心"声称希望"借行动唤起澳门人对社会不公的关注，打破政治沉默"，主张"本着良知出发，以行动抗击澳门不公义之事"。这种主张也彰显在其 logo 和 Facebook专页中：其 logo 是向上奋起的拳头，配文"澳门良心"，以黑底、黄字及红字的反色形式呈现；同时，Facebook 的专页页面图片延续类似风格，以黄色为底，主体为黑色的"拒绝良心沉默　澳门人站出来"的手写体文字。这一网络社群获得了部分青年网民的支持，专页关注人数达 12 629 人，点赞数为 12 688 次。由于专页的建立者和关注者均为"数字原住民"的澳门青年，因此，"澳门良心"的发帖内容多采用图文配合形式，并且图片善于运用具有澳门特色的恶搞创作手法吸引网民；此外，"澳门良心"还是最早通过直播形式发布新闻的澳门青年社群网站之一，这种直播形式也吸引了更多的青年人的关注及传播。

除了上述几个代表性的青年网络社群之外，澳门互联网特别是社交媒体上还形成了其他不同的青年网络社群，而且其政治性、行动性没那么突出，主要基于相同的爱好、情感和文化等而聚集成为网络社群。例如，"澳门巴士/公共交通迷 Macau Buses and Public Transport Enthusiastic"是一个"澳门公交迷"的网上社群，这个社群专门介绍澳门巴士、船、飞机和轻轨等公共交通资讯，希望成为"一个关注澳门海、陆、空公共交通工具资讯的粉丝专页"，而这个社群专页居然吸引了 22 680 名网民关注，这对仅有六十几万人口的澳门来说，是非常有特色的一个网络社群现象。而创建于 2012 年的"青年讲场 teensquare"则以"Building up men's relationship"为口号，以关注青年心态和正能量文章为主要发帖内容。"澳门山毅青年协会"则称其宗旨为"回归根本、忍耐吃苦、珍惜所有"，希望在大自然中，通过一系列具有挑战性的长距离、高海拔的远足活动，让青年人发挥毅力、坚持及团队精神。"澳门青年茶文化推广协会"则希望"通过推广茶知识来吸引青年对我国茶文化的关注，并通过不同类型的活动来促进青年的身心健康发展；加强青年对我国茶文化的了解及认识我国在国际茶界的重要地位"，他们还成立了微信茶友群，希望能以茶会友，吸引青年关注传统茶文化，团结青年多回祖国交流学习，加强澳门青年与祖国的联系。"澳门青年政策关注组"则标榜自己为"跨年龄、跨界别的网上组织"，其成立源于澳门特区政府推出的青年政策咨询文本。"澳门青年政策关注组"认为"澳门特区政府刚刚推出青年政策咨询文本，内里大有问题"，因此号召具有同样共识的网民一起关注和讨论问题。而这种社会议题网络社群的兴起，进一步激发了澳门青年网民通过网络社群发表观点的热情。

第四节 基于新社会运动的网络社群

在澳门，除了比较特殊的传统社团社会的网络映射以及代表性的青年网络社群之外，其互联网空间也有一系列与全球其他地区的网络社群保持一定一致性的青年网络社群，特别是在全球化大背景下的基于"新社会运动"的新兴网络社群。19 世纪 60 年代以来，欧洲及美国兴起一波"新社会运动"（new social movements），如平权运动、人权运动和环境运动等，强调文化性和社会性而非政治性，追求后物质主义的价值认同，挑战增长、进步与提高的传统信念，拒绝资本主义社会中以物质为本的消费主义，提倡另类的价值观，并期望通过新的文化生产、新的生活模式和新的身份认同，反思经济、社会与自然的关系等。

因此，与意图获得社会资源、公民权利乃至意图推翻某个权力结构和权力集团的传统社会运动不同，也与注重经济、政治与军事的"旧政治"显著不同，这波社会运动高潮被称为"新社会运动"和"新政治"，因为它往往"绕过国家"，即并不直接挑战国家体系，而更集中在公民社会和文化领域，更关注社会关系、符号及身份认同的再建构等非建制层面的问题，而且往往聚焦于单一议题如环境保护、性少数者权益、动物权益等，通过草根性的、边缘性的、本土化和小型的群体组织，对社会如何被赋予价值作出提问和行动。

这一波新社会运动也给我们在变化的进程中、在互联网空间内、在民族主义外的想象共同体提供了更多的可能，特别是卡斯特尔所主张的"计划性身份认同"本身就是与新社会运动高潮紧密相关的。某种程度上，新想象共同体、新计划性身份认同与新社会运动之间本来就是三位一体的。随着全球化的深入和信息通信技术的发展，新社会运动最终影响全球，因为信息通信技术对于促进集体认同的构建、共同体的想象和新社会运动的行动的重要性已经得到广泛的研究和认可。在这一点上，澳门青年网民与全球其他区域的青年网民保持了某种一致性，即也基于新的社会议题和新的社会行动而汇聚、建构和维系了一系列的互联网社群，其中一个典型案例是争取动物权利的行动。笔者通过田野调查确定了澳门 Facebook 上的几个动物权利组织。截至 2016 年 8 月 18 日，"AAPAM"和"Anima"的粉丝数量位居前两名，分别达到 25 564 人和 9 003 人。"AAPAM"是由一群希望促进保护、尊重、拯救和热爱动物工作的人创立的。"AAPAM"是一个以活动为导向的社群，它发起了许多关于动物权利的线上和线下活动，其中有一次活动持续了好几年，目的是敦促特区政府通过一项动物保护法案。例如，2015 年 1 月的活动吸引了大约 800 人，参与者带着他们的狗、猫和乌龟参与游行活动。在游行结束时，一份由 816 人签名的请愿书被提交给了相关部门。2015 年 6 月的另一场游行活动吸引了 3 000 人，请愿书收到了 1 252 个签名；最近一次的游行和请愿活动发生在 2016 年 4 月。该法案最终于 2016 年 7 月 4 日通过，并于 2016 年 9 月 1 日正式生效。

"Anima"旨在为所有动物提供恰当的照顾，并维护它们的尊严，从而使澳门成为关注动物权益及防止遗弃和虐待动物的示范性共同体。这个组织的主要活动是终止澳门的灰狗比赛。"Anima"认为澳门的赛狗跑道给灰狗造成了太多伤害，他们声称在澳门和其他地区收集了 337 138 个签名，呼吁终止澳门的灰狗比赛。然而，动物保护也被定位为"英美传统"，它已经成为基于动物权利的计划性身份认同的一项新社会运动。从这个意义上说，澳门的动物权益保护者仍然无法超越这一传统。但是，在澳门，他们的一系列行为或许仍有助于让动物权益为普通大众所理解，以建构他们鲜明的身份认同。

这些案例都揭示了在澳门语境下，全球性的新社会运动、计划性身份认同、另类的网络社群之间如何形成一个良性循环和互促机制，并在一定程度上展现出了澳门青年网民在相应地共同体想象过程中一定的在地化实践特殊性。这种在地化实践特殊性，在下面其他另类网络社群的案例中展现得更加充分。

第五节　基于社会议题与事件的社群聚集

本章最后关注的一类网络社群是基于特定的社会议题和事件在网络上聚集成的一系列网络社群。本书的田野调查发现，澳门青年网民会根据对不同社会民生议题的关注而自发地聚集出相应地网络社群，主要包括交通道路、环境保育、房屋土地、政府官员、食品药品、健康生活等涉及澳门民生的社会问题。

澳门青年网民对交通问题的关注度最高，既有对某一事件或议题的讨论群组，也有长期的监督爆料群组。其中，单一事件或议题类群组主要集中于对维澳莲运（绿巴）事件、巴士加价议题和澳门轻轨的讨论。维澳莲运事件方面，建立了"维澳莲运内幕曝光""要求澳门政府处罚维澳莲运！踢走不合格服务！""打倒维澳莲运！""维澳莲运交通意外事故报告"等群组。"维澳莲运内幕曝光"群组的简介称"澳门巴士新模式实行一年以来，新巴士公司维澳莲运乱象环生。本页通过披露维澳莲运嘅（的）内幕信息，令到澳门市民更加清楚乱象背后嘅真正原因"。反对巴士加价议题方面，主要是形成了"巴士服务未掂就讲加价？我强烈反对""澳门巴士加价，我反对！"两个网络社群。"澳门巴士加价，我反对！"群组对巴士未经市民同意就加价的行径表达强烈反对，并号召网民反对这一举动，其在专页简介中写道："垃圾巴士服务竟然不问市民强行加价？一定反对！赞好一个，多分支持！"澳门轻轨议题方面，青年网民们建立了不同立场的 Facebook 群组。"澳门轻轨 MLRT"表达对轻轨的支持，简介中称"轻轨 = 优质生活动力　LRT = Power for a Quality Life"。而反对兴建轻轨的群组，主要是反对轻轨的选址。例如，"反对轻轨沿海破坏珍贵海岸线"群组专页称，不能将海岸线规划为轻轨路线，要为澳门下一代的生态环境着想；另外，有 Facebook 群组直接以名称表达自己的观点，例如"反对澳门半岛线北段劳动节高架走线及马场东走线"以群组名称直接表达对选址的不满，这种直接的议题表达形式得到网民支持，群组获得 1 730 名网民关注，以及 1 803 次点赞。

长期的监督爆料群组主要分为两类。一类具有天气预报、交通信息等类似功能，如"澳门巴士/交通/天气信息站 Macau Buses / Transport / Weather Information Station""澳门巴士/公共交通迷 Macau Buses and Public Transport Enthusiastic""澳门道路讨论区"等。另一类则是对澳门道路交通和负面问题的监督，包括监督澳门巴士司机，如"澳门实 look 司机恶劣行为监察组""澳门巴士监察情报站"；监督澳门的士司机，如"澳门衰格的士佬""Macau Taxi Driver Shame"；监督澳门道路问题，如"澳门道路情报""澳门道路分享站"。其中，有 Facebook 群组明确表示，希望组织网民对道路交通问题进行监督，并进一步实现对政府部门的监督。例如，"澳门巴士监察情报站"称，"本人希望与各位居民一起，对所有目睹的巴士违规情况，以拍照、录像、文字描述，以及改善意见，都集中在此网页上。本人会定期约见交通事务局，向其反映相关的意见。诚邀全澳居民共同参与"。但同时，也有 Facebook 群组对澳门相关政府部门丧失信心，只希望通过网络曝光对澳门交通进行监督，呼吁社会良知。例如，"澳门实 look 司机恶劣行为监察组"称，"监察组发挥公民记者的力量，将看到的恶劣驾驶行为记录低（下来）向大家发布，法律执行唔到，就由我们的良知去做起"。

房屋土地类的澳门青年网络社群主要聚焦三类议题：第一类议题探讨土地规划，第二类议题讨论公屋建设，第三类议题则是针对重大土地、房屋事件的讨论。三类网络社群背后共同指向监督澳门特区政府的土地房屋问题处理是否妥善。

土地规划议题探讨方面，2010 年，有网民针对澳门特区政府贱价批地问题成立 Facebook 群组，提出"既然澳门政府能够'贱价批地'，那澳门市民也要求能够'贱价买楼'"的诉求。在专页中，澳门网民纷纷留言支持这一诉求，网民"Inacio Vong"称，"政府有义务平衡各方利益，不能只照顾商家利益，所以我买咗楼（我个仔未买）都支持［所以我买了房子（我儿子没买）都支持]"①。在 2015 年，"我地。规划 Our Land，Our Plan"社群成立。社群创立人自称是"一群关心城市永续发展的澳门人"，他们希望通过网络社群的渠道，持续为澳门土地和城市规划等议题发声，呼吁有兴趣的澳门市民共同参与，能够"全民规划澳门未来"。

公屋建设议题方面，澳门青年网民成立了网络社群，了解经济房屋和公屋的最新进展，寻求解决之道。比如，2013 年成立的 Facebook 群组"经济房屋资讯站"，主要为澳门网民提供经济房屋等最新政策信息，吸引了 20 387 名网民关注。此外，也有青年网民成立名为"澳门房屋问题 Housing Problem in Macau"的网络社群，② 定期提供澳门本土的时政新闻及相关资讯。例如，转载澳门《正报》消息，发帖通知"下个月重开社屋申请"；转载澳门《力报》消息，发帖称"市民渴望上楼（买公屋），天不亮就开始排队领取公屋申请表"。他们也会通过对澳门房地产联合商会、澳门立法会的资讯转载，向网民传递最新的公屋动向；还会发布新加坡等地的公屋兴建经验，为澳门公屋出谋划策。因为在"澳门房屋问题 Housing Problem in Macau"看来，"In Macau the Housing Problem is very serious and it can influence our life directly. What do you think about this problem and how to fix it?（澳门的房屋问题非常严重，甚至已经直接影响澳门市民的日常生活。你怎么看待房屋问题？认为应该如何解决？）"在澳门房屋问题日趋严重的情况下，有网民还直接将问题指向澳门特区政府，成立"澳门特区政府承诺 2012 年完成 19 000 间公屋单位倒计时器"的 Facebook 网络社群，并设计一款倒计时小程序，呼吁澳门网民监督政府，考察澳门特区政府承诺的 2012 年完成 19 000 间公屋的成果。

重大土地、房屋事件讨论方面，澳门网民分别针对"善丰花园事件"和"海一居事件"建立了 Facebook 群组。"善丰花园事件"是指在 2012 年 10 月，澳门住宅公寓善丰花园被曝光出现结构安全问题，200 多户居民需要紧急撤离。香港大学公布的善丰花园问题检测报告显示，善丰花园中爆裂的主结构支柱强

---

① 澳门政府可以贱价批地，澳门市民要求贱价买楼（2），https：//www. facebook. com/groups/123868907642298//，2010 年 11 月 13 日。

② 澳门房屋问题 Housing Problem in Macau，https：//www. facebook. com/pg/% E6% BE% B3% E9% 96% 80% E6% 88% BF% E5% B1% 8B% E5% 95% 8F% E9% A1% 8CHousing-Problem-in-Macau-490580787656287/posts/？ ref＝page_ internal，2013 年 3 月 19 日。

度只有正常标准的三分之一。于是，有网民建立了"提督…善丰…讨论区"，对善丰花园的后续处理进行监督。网络社群在成立后 1 个月内，有 842 名用户关注，希望寻求事件的善后及方案。而澳门楼盘"海一居烂尾楼事件"同样引起网民关注。2010 年，保利达公司公开售卖海一居楼花（即期房），共有 3 000 多名业主购买了海一居的房产。但截至 2014 年，所谓的海一居楼盘仍未有动工迹象。而海一居所处地块，在 1991 年时已由当时的澳葡政府卖给保利达公司，因此，这块土地已临近澳门法律规定的 25 年发展期。2014 年，澳门网民成立"海一居情报站！"和"海一居业主会"等 Facebook 群组对事件进行关注，希望借此网络社群呼吁海一居业主共同关注事件、争取应有的权利。其中，"海一居情报站！"特别表示，海一居交楼遥遥无期，大家只能期盼政府落实行动，希望能够通过动员网民力量来"促使政府/发展商落实续期/交楼时间，大家请行动支持吧！"

部分澳门网民认为，社会热点议题都只是表面现象，因此在多个领域都有网民成立 Facebook 群组，关注政府政策、监督政府官员并组织网民行动。比如，在"澳门道路情报""澳门人"等关注澳门社会议题的 Facebook 群组中，便有较多网民表达对部分官员的不满。例如，因 2017 年台风"天鸽"袭澳时，澳门气象局的预告程度不足且在台风过程中应对迟于周边的香港及广东，使得市民未形成足够警惕，造成重大人员和经济损失。网民首先留言呼吁澳门时任气象局局长冯瑞权下台；在冯瑞权提出辞职时，网民留言质问为什么"系（是）自动请辞，不是引咎辞职"，还有网民留言道："冯瑞权，你以为这样（辞职）就能跑掉？"关于冯瑞权辞职后仍可领取每月八万澳门元的退休金，网民留言表达不满，认为这种处罚力度没有震慑力，甚至有网民质疑冯瑞权只是"祭旗"，而"冯瑞权事件"的真正问题在于政府对主管人员处分制度不完善。最终，澳门特区政府裁定，按照最高处分标准，对冯瑞权撤职兼中止发放 4 年退休金。另外，也有更关注澳门未来发展的网民建立了"澳门政改问答"的 Facebook 专页，专页简介称"政制的未来，其实是澳门的未来，咨询期的结束，不应是讨论的结束；方案的落实，不应是思考的终结。持续关注，理性讨论，为澳门，为未来"。然而，尽管这个专页获得了"澳门专业人才培训协会""澳门公民力量"和《讯报》等澳门重要社团和媒体的关注，但只有 118 名澳门网民关注。这一现象也一定程度地反映出澳门网民的政治冷感。

除了社会议题之外，澳门青年网民还非常关心澳门环境的保育问题。一方面，澳门网民通过环保协会、志愿者协会等网络社群宣传环保理念；另一方面，也有澳门青年网民针对湿地、鹭林鸟等专属议题设立 Facebook 专页，希望引起更多人关注以保护澳门生态环境。

"澳门自然风 Estilo Natural" 的 Facebook 群组专页有 2 437 名网民关注，属于粉丝较多的澳门环境保育类网络群组。它以澳门的两只互相嬉戏的熊猫（团团和圆圆）为头像，发布议题多与动物和亲子活动有关，内容相对温馨。但也会通过将可爱的动物与无家可归、误吞塑料而窒息的动物作对比，优美的风景与触目惊心的环境污染作对比来动员网民爱护自然环境。另外，"澳门自然风"也会转载点击量较高的网络视频，以获取更多网民的关注。例如，一部三只灰熊无家可归只能躲在垃圾箱的视频获得 21 万次观看；一部 3D 打印模具制环保杯的视频获得 38 万次观看；一部解剖死亡幼鲨，发现幼鲨死因是吞食过多塑料袋而窒息的视频获得 30 万次观看。

另一个名为"绿色·生活·在澳门"的 Facebook 群组是一个非营利组织的线上群组，它希望"绿色，不仅是一种色彩，更是一份源源不绝的生活动力。Green living is the vitality of life"。这个群组关注有关澳门环保的各类议题，例如发文《台风的启示》《绿色澳门，现在做得到吗?》《麻鹰也有节日?》《龙环葡韵又出事?》等。而在"绿色·生活·在澳门"的群组专页中，同群组的网民也可以发帖响应或号召网民关注澳门环保议题。这样的网络群组，扩展了单一的 Facebook 群组，形成了一个更广泛的同好群组。例如，环保组织"Greenfuture Macau"在群组内发帖宣传"世界无车日"，号召网民放"驾"一天，以步代车；群组"无塑商户 Plastic Free Shop"是一个线上的商户联盟，即加入这个群组的商户承诺不会主动向顾客提供塑料袋，它也通过"绿色·生活·在澳门"的群组专页发布信息，号召更多人"集气齐撑"响应"无塑商户"活动，这一活动得到 99 人响应；也有网民 Samson Chio 在群组内发帖，号召群组成员共同响应素食主义，支持"世界地球日"，支持"绿色星期一"。

而针对澳门专属环保议题的网络社群，分布于澳门三大主岛上，通过"守护路环（岛）""关注龙环葡韵湿地"①"捍卫红街市"② 等议题切入，根据不同的环保议题选取不同的传播策略。

"守护路环"群组创建于 2013 年，它的简介称："关心路环及整个城市演化过程的一群公民。捍卫山林，喜爱自然，不怕肮脏！"因此，它在 Facebook 群组中发起了"守护路环　头像串联"活动，活动号召网民"动手换头像，唤起更多人的关注！串联守护的心，守护我们的净土"，活动得到网民回应及转发。

"关注龙环葡韵湿地"的粉丝相对较多，成立了诸如"关注龙环葡韵湿地保育联盟""爱鹭林　爱澳门　为下一代保留绿色空间发声，强烈反对在龙环葡韵兴建交通安全中心""澳门生态学会"等 Facebook 群组。其中，获得较多网民关注的一个群组名为"湿地遇见她"。这个群组的理念简单明了，就是"爱护环境、保育湿地"，它希望网民能够亲身参与感受湿地的美好环境。比如，"湿地遇见她"群组的 Facebook 头像是伴有鹭林鸟的龙环葡韵红树林湿地，传播内容包括在龙环葡韵举行的"澳门荷花节"、绿化周嘉年华之"大型花坛——葡韵园"、"荷香乐满城"展览、"手绘荷花扇工作坊"等。

而"捍卫红街市"的 Facebook 群组专页简介为"捍卫红街市桃花岗　维护澳门本土特色"，这个群组的创建者和参与者是"一群自发的，无政党背景的澳门学生和青年"，他们声称是为了保护澳门老店不致因房租上涨而被迫迁走，并捍卫澳门人的集体回忆，"希望通过网络引起更多关注，集合大家力量"。虽然这个群组只有1 165名网民关注，也只获得1 183 次点赞，但它组织的"'月满守望桃花岗'迎月晚会"却引起了 12 835 位网民关注。而"捍卫红街市"群组的发帖内容完全契合其创建初衷，主要帮助红街市桃花岗的小贩发声，通过"八十几岁的婆婆坐轮椅都出来争取公益……于心何忍？""有市民称桃花岗为集体回忆不应消失""除了相片和文字，画笔和画纸也能记下我们的回忆"等具有煽情效果的文字、图片等打悲情牌，希望通过获得网民的情感认同来获取更多关注。

---

① 龙环葡韵是澳门八景之一，位于澳门氹仔岛。龙环葡韵原为红树林湿地，聚集了黑脸琵鹭、白鹭和翠鸟等珍稀动物，但随着澳门水域生态的破坏，红树林已逐渐枯毁，仅偶尔能看到几只珍稀鸟类。因此，龙环葡韵的问题特别受到澳门环保爱好者的关注。

② 红街市桃花岗位于澳门本岛，是仍在运作的澳门街市之一。因红街市大楼具有一定的建筑艺术价值，已被列入《澳门文物名录》，是目前唯一被列入《澳门文物名录》的街市建筑。

小　结

　　本章在安德森创造性的"想象的共同体"的理论概念基础上，参考其他批判学者如曼纽尔·卡斯特尔、帕尔塔·查特吉、迈克尔·哈特和安东尼·奈格里等人的后续批判性观点，尝试在澳门具体语境脉络下、在变化的进程中、在互联网空间上和在民族主义外，探索想象共同体的更多可能性，以及各种可能性之间相互作用的内在复杂性。本章发现，澳门青年网民在民族国家身份认同之外，在互联网空间建构了更多另类的共同体想象与身份认同计划的可能。

　　首先，澳门作为一个典型的传统"社团社会"，拥有数以万计的线下传统社团，这些社团在数字时代也逐渐网络化，形成各种类型的网络社群，特别是有一些新兴的、与青年网民紧密相关的、脱离线下社团的网络社群涌现出来，使澳门网络社会一方面看似是其传统社团社会的映射，另一方面又有微妙的差异性。其次，在这些新兴的网络社群中，青年网络社群是直接以青年网民为主体的社群组织，显现出澳门青年特殊的活跃度、组织化和主体性。再次，与全球性的"新社会运动"风潮一致，澳门青年网民也基于新的社会议题和新的社会行动而汇聚、建构和维系了一系列的互联网社群，并显现出计划性身份建构的可能性和行动力。最后，即使没有新社会运动及其计划性身份认同的基础，澳门青年网民也能基于特定的社会议题和事件在网络上聚集成一系列的网络社群，这也显现出网络社群与线上线下行动之间反馈、促进和维持的关系，甚至是某种同构的密切关系，为下一章关于行动的情感动员奠定了社群基础。

　　而对于"想象的共同体"这一理论概念本身，本章不仅期望在变化的进程中、在互联网空间上、在民族主义之外为"想象的共同体"打开新的实践可能；而且试图通过突显澳门语境下青年网民的主体性实践，对既有理论的其他重要局限作出回应和贡献。这是因为，安德森的理论一直被批评为以精英为中心，忽视了共同体中其他成员尤其是边缘成员的视角。为此，查特吉还提出了尖锐的批判性问题，"谁的想象的共同体？"（"Whose imagined community?"）而青年网民的视角某种程度上可以为这一问题作出尝试性的探索和回应。

第七章

行动的情感动员

… …

　　互联网信息技术的发展，改变了人们的交流空间，为广大网民提供了一个前所未有的表达意见的公共领域，并大大提高了人们参与政治的可能性。作为"数字原住民"的青年世代，更愿意也更善于借助互联网实现其政治参与，因为青年世代在社会转型过程中更容易受影响也更容易被边缘化，因此对社会和政治有更强的表达和参与欲望。①

　　然而，过分强调互联网的核心作用，实际上简化了互联网与社会行动之间的动态关系，甚至在某种程度上将两者之间的关系化约为线性的因果关系，这被批评是陷入了互联网乌托邦主义的危险境地。② 此外，这种简化处理未能充分地将互联网和社会行动置于政治、历史、经济、文化和社会因素的动态背景下，从而忽略了其中重要的细微差别、历史的延续性，以及更广泛的社会行动意义。③ 而且，尽管大中华地区的这一系列青年社会行动和政治运动已经得到了学界的广泛关注，但是，在这方兴未艾的研究领域中，尽管澳门青年同样也在积极借助网络进行线上和线下的社会行动和政治参与，并作为一种新的政治力量迅速崛起，但针对澳门地区的研究还相对匮乏。

　　在这一批判研究路径之下，本章将重新情境化地研究互联网时代社会行动和互联网之间的关系，并尝试在这一经典二元关系框架之外，引入关键性但又还未被充分重视的组织因素和情感因素——特别是情感的核心作用——建构一个更多元的理解模型。具体而言，本章将探讨澳门特定的青年社团如何基于互联网策略性地诉诸特定的情感路径，从而吸引澳门网民特别是澳门青年网民参与其发起和组织的行动中。

第一节　重新激活行动中的情感要素

　　社会行动和抗争政治对现实社会和学术界都至关重要，吸引了众多学者从

---

① 袁海萍：《国外青年互联网行为研究及借鉴》，《青年研究》2016 年第 1 期。

② Fuchs, C., Some Reflections on Manuel Castells' Book Networks of Outrage and Hope: Social Movements in the Internet Age, *Triple C*, Vol. 10, No. 2, 2012, pp. 775 - 797.

③ Ganesh, S. & Stohl, C., From Wall Street to Wellington: Protests in an Era of Digital Ubiquity, *Communication Monographs*, Vol. 80, No. 4, 2013, pp. 425 - 451.

各个取向和各个角度进行研究。例如，美国学者已经逐渐形成了资源动员、政治进程和策略框架等理论；欧洲学者则针对女权主义、同性恋平权、环境保护和动物权利等新兴社会问题，开展了以身份认同问题为重点的新型社会运动研究。传播学者也积极介入了这一研究领域，并主要强调了媒体和传播对社会行动的重要性，特别是新的互联网等信息通信技术的发展如何改变了社会行动的动员、传播和展演等。

一、互联网时代的社会行动

自 1997 年发生在美国西雅图的"反 WTO"社会行动以来，随着信息通信技术的发展，互联网逐渐介入社会行动，并在其中发挥越来越重要的作用。互联网似乎不仅仅是一个实用工具，还逐渐被认为是社会资源调动、政治过程、策略框架和集体认同的决定性基础。[①] 特别是随着社交媒体平台的发展以及 2010 年以来社会行动在全球的蓬勃发展，许多学者开始乐观地想象互联网时代的社会行动，甚至开始相应地使用诸如"革命 2.0"（Revolution 2.0），"推特革命"（Twitter Revolution）和"脸书革命"（Facebook Revolution）指代互联网时代的一系列社会行动。[②]

有乐观学者认为，互联网可能通过三条主要途径影响社会行动。首先，互联网提供三种渐进机制来提高社会行动的参与度。[③] 互联网可以充分降低动员、招募、沟通和传播的成本，从而提高参与水平；互联网是社会行动的关键渠道，可以在网上动员并随后组织线下行动；社会行动活动中各种至关重要的社群也可以在互联网上创建、运营、维护和发展，并可能以此为基础，在动员和维护社会行动中形成集体身份认同。其次，互联网成为社会行动重要的创新机制。[④] 互联网开创了一系列新的社会行动剧目，如在线捐赠、在线请愿和黑客攻击等。

① Fuchs, C., Some Reflections on Manuel Castells' Book Networks of Outrage and Hope: Social Movements in the Internet Age, *Triple C*, Vol. 10, No. 2, 2012, pp. 775 – 797.

② Ghonim, W., *Revolution 2.0: The Power of the People is Greater than the People in Power: A Memoir*, New York: Houghton Mifflin Harcourt, 2012.

③ Garrett, R. K., Protest in an Information Society: A Review of Literature on Social Movements and New ICTs, *Information, Communication & Society*, Vol. 9, No. 2, 2006, pp. 202 – 224.

④ Van Laer, J. & Van Aelst, P., Internet and Social Movement Action Repertoires, *Information, Communication & Society*, Vol. 13, No. 8, 2010.

互联网也展现出将在线政治讨论和文化抵制转变为线下行动的潜力。线上线下的社会行动剧目实际上越来越多地通过互联网进行实时协调。再次，互联网确保了社会行动活动的分散式、扁平化和无领导的新的组织形态。① 这种组织形态确保了网络中不同节点的协调和不同网络之间的交互，还可以有效激发个人的自我行动和自我组织，加强内部参与者与其他外部行动者之间的互动，最终能促进平等、自由和可持续的社会行动。②

然而，上述有关互联网时代社会行动的乐观研究简化了社会行动与互联网之间的关系以及社会行动本身的内在复杂性。一些学者通过研究互联网对社会行动的影响，质疑了这种互联网中心主义和乐观主义倾向。首先，他们认为互联网通常暴露出其在身份形成和社区创建等方面效率低下的问题，因为互联网不能产生强烈的团结感，这可能无法长期有效地维系行动者的参与热情。③ 其次，这些学者对网络行动主义提出尖锐的批评，认为大多数互联网社会行动剧目都是虚幻的，拒绝"进入危险的政治化地带"，从而使创新社会行动剧目只是一种幻觉而已。④ 最后，他们质疑无领导和非组织性社会行动的浪漫化解释其实忽视了更微妙的权力关系和社会行动的内在冲突，实际上总有少数人充当"柔性领导者"，并且他们是在互联网的帮助下控制大多数信息传播以达成对领导权的实际影响与控制。⑤

二、社会行动的情感

互联网中心主义也被批评忽视了社会行动中的至关重要的情感因素。但是，正如曼纽尔·卡斯特尔所言，互联网在社会行动中的职能是基于它作为"愤怒和希望的网络"（networks of outrage and hope）的事实，"社会运动的大爆发始

① Pickerill, J. & Krinsky, J. Why Does Occupy Matter?, *Social Movement Studies*, Vol. 11, No. 3/4, 2012, pp. 279 – 287.

② Castells, M., *Networks of Outrage and Hope*: *Social Movements in the Internet Age*, Cambridge; Malden: Polity Press, 2012.

③ Juris, J., Reflections on Occupy Everywhere: Social Media, Public Space, and Emerging Logics of Aggregation, *American Ethnologist*, Vol. 39, No. 2, 2012, pp. 259 – 279.

④ Dean, J., Communicative Capitalism: Circulation and the Foreclosure of Politics, *Cultural Politics*, Vol. 1, No. 1, 2005, p. 70.

⑤ Gerbaudo, P., *Tweets and the Streets*: *Social Media and Contemporary Activism*, London: Pluto Press, 2012, p. 139.

于情感转化为行动"。因此，社会行动本质上就是情感运动，情感是"社会运动的起源"和"集体行动的驱动因素"。①

这种情感特征在互联网时代被重新突显，但实际上它在社会行动的传统研究中曾被长期忽视。最初，大多数社会运动研究学者认为社会运动和社会行动是需要管理和控制的感性的而非理性的政治行为，主要使用"社会隔离""原子化个体""异化和焦虑"以及"相对剥夺感"等概念框架来解释社会行动的发生和发展。然而，后来有学者批评这些研究过分强调社会行动的情绪和非理性，没有充分解释个人的精神、情感、情绪失衡如何导致社会集体行为。因此，这些学者拒绝这些非理性的、感性的社会行动研究取向，转而强调社会行动的理性特征，发展了"资源动员""政治过程""策略框架"和"集体认同"等理论来解释社会运动和社会行动的理性运作而非感性驱动。

然而，这种认为情感和理性是完全互斥的隐含假设越来越受到挑战，有许多学者呼吁要重新把情感"带回"（back in）社会行动研究领域并作为重要的解释变量和解释框架。事实上，情绪/情感（emotions）早已在社会学中被广泛研究，但通常涉及更宏大的社会秩序、社会结构、社会变化和社会背景等，而不是与社会行动直接有关。后来，越来越多的学者开始关注社会行动的情感问题，特别是情感作为政治修辞调动社会行动的巨大力量。例如，克里斯汀·史密斯（Christian Smith）讨论道德愤怒如何动员社会行动；② 杰夫·古德温（Jeff Goodwin）强调社会行动的情感关系及其对团结的影响；③ 杰姆斯·贾斯珀（James Jasper）则展示了各种情绪如何影响社会行动的不同层面。④

在这种情感研究路径之下，情感已经成为改写和重塑社会行动者行为逻辑的有效元素。实际上，社会行动充满了情感，而且这些情感赋予他们的行动以

---

① Castells, M., *Networks of Outrage and Hope: Social Movements in the Internet Age*, Cambridge; Malden: Polity Press, 2012, pp. 13, 15, 137.

② Smith, C., *Resisting Reagan: The Central America Peace Movement*, Chicago: The University of Chicago Press, 1996.

③ Goodwin, J., The Libidinal Constitution of a High-risk Social Movement: Affectual Ties and Solidarity in the Huk Rebellion, 1946 to 1954, *American Sociological Review*, Vol. 62, No. 1, 1997, pp. 53 – 69.

④ Jasper, J. M., The Emotions of Protest: Affective and Reactive Emotions in and Around Social Movements, *Sociological Forum*, Vol. 13, No. 3, 1998, pp. 397 – 424.

"思想、意识形态、身份认同甚至行动动力"①。例如，底波拉·古尔德
（Deborah Gould）认为，如果我们不充分考虑情感在社会行动的出现、动员、扩
张和衰落中的关键作用的话，我们是不可能真正理解社会行动的。② 然而，既
有研究大多集中在情感的激励力量上，而不是情感与行动之间的关系或整个社
会行动过程中的情感作用。例如，维多利亚·亨德森（Victoria Henderson）将
情感描述为"驱动性的能量"③；加文·布朗和珍妮·皮克希尔（Gavin Brown，
Jenny Pickerill）认定情感是"作为行动的触发器"④；凯斯·阿斯金斯（Kye
Askins）认为情感是社会行动中一种"不言而喻却常常被忽视的力量"⑤，它能
够有效促使个人采取或者参与实质行动。从这个意义上说，既有研究主要是把
情感视作激发社会行动的关键因素。

　　然而，另外一些学者认为应该研究情感和行动之间更复杂、更模糊的关系，
而不是假定存在简化的因果关系。埃里卡·萨默斯—埃弗勒（Erika Summers-
Effler）就认为情感对社会行动同时具有正面和负面的作用：一方面可以激发弱
势群体的批判意识和反抗意愿并最终带来一定的社会变革；另一方面也可能限
制他们的选择空间，使其始终处于从属地位而很难对社会结构有根本性改变。⑥
布朗和皮克希尔则认为，情感与行动之间存在相互促进的关系，情感激发社会
行动，但社会行动也在激发情感。⑦ 贾斯珀和古德温等人也指出，情感既是社
会行动的动机，也是社会行动本身的目标，两者是更内在地捆绑一致的，不能
剥离其中一个考察另一个或者通过考察其中一个去考察另一个，而要在一个更

① Jasper, J. M., *The Art of Moral Protest*: *Culture*, *Biography*, *and Creativity in Social Movements*, Chicago: The University of Chicago Press, 1997, p. 127.

② Gould, D. B., *Moving Politics. Emotion and Act Up's Fight Against Aids*, Chicago: The University of Chicago Press, 2009.

③ Henderson, V. L., Is There Hope for Anger? The Politics of Spatializing and (Re) Producing an Emotion, *Emotion*, *Space and Society*, Vol. 1, No. 1, 2008, p. 28.

④ Brown, G. & Pickerill, J. Space for Emotion in the Spaces of Activism, *Emotion*, *Space and Society*, Vol. 2, No. 1, 2009, p. 28.

⑤ Askins, K., That's Just What I do: Placing Emotion in Academic Activism. *Emotion*, *Space and Society*, Vol. 2, No. 1, 2009, p. 7.

⑥ Summers-Effler, E., The Micro Potential for Social Change: Emotion, Consciousness and Social Movement Formation, *Sociological Theory*, Vol. 20, No. 1, 2002, pp. 41 - 60.

⑦ Brown, G. & Pickerill, J., Editorial: Activism and Emotional Sustainability, *Emotion*, *Space and Society*, Vol. 2, No. 1, 2009, p. 1.

交织的关系中去考察。①

这些研究主要是将情感带回到传统社会行动研究中，而没有太多关注数字时代的社会行动。然而，正如卡斯特尔所说，情感，特别是愤怒和希望的情感，在数字时代的社会行动中扮演着越来越重要的角色。互联网在社会行动中的作用正是基于它充当"愤怒和希望的网络"这一事实。对于卡斯特尔而言，"社会运动的大爆发始于情感转化为行动"，因此，社会行动基本上是情感运动，情感是"社会行动的起源"和"集体行动的驱动力"②。巴布沙林（Zizi Papacharissi）的《情感公众》（*Affective Publics*）则探讨了互联网尤其是社交媒体如何促进参与感和情感公众对情感的展示，从而在线上和线下都塑造了对社会行动至关重要的团结。③ 泽伊内普·图菲克希（Zeynep Tufekci）则提出了 Twitter 和催泪弹（tear gas）分别代表联系和共同情绪，如何使互联网推动的社会行动与过去的传统社会行动截然不同。④ 杰弗里·朱里斯（Jeffrey Juris）的文章也强调了在全球社会行动中生产强烈团结感的情感的重要性。⑤

因此，互联网特别是社交媒体在互联网时代的社会行动中的重要性日益增加，但这并不一定要导向互联网中心主义而无视社会行动中的情感；相反，它为我们提供了一个全新的机会和背景，使我们能够在数字时代重新激活社会行动中的情感因素。我们不仅可以进一步考察情感在社会行动中的动员能力，而且可以探讨情感的内在复杂性及其与数字时代社会行动的动态关系。

三、行动与情感的脉络化

除了无视社会行动的内部复杂性及其情感面向之外，互联网中心主义往往也没能充分脉络化地考察社会行动的背景。互联网通常被认为是一种普适性的

---

① Jasper, J. M., The Emotions of Protest：Affective and Reactive Emotions in and Around Social Movements, *Sociological Forum*, Vol. 13, No. 3, 1998, pp. 397–424.

② Castells, M., *Networks of Outrage and Hope*：*Social Movements in the Internet Age*, Cambridge；Malden：Polity Press, 2012, pp. 13, 15, 137.

③ Papacharissi, Z., *Affective Publics*：*Sentiment, Technology and Politics*, Oxford：Oxford University Press, 2015.

④ Tufekci, Z., Twitter and Tear Gas：The Power and Fragility of Networked Protest, New Haven：Yale University Press, 2017.

⑤ Juris, J., Networking Futures：The Movements Against Corporate Globalization, Durham：Duke University Press, 2008.

经验，并且作为一种新的普遍性（universality）在全球范围内被应用，因此往往没有充分重视具体区域脉络下的在地化观察。正如卡斯特尔所述，"尽管这些运动产生的背景之间存在着明显的差异，但某些共同的特征构成了一个共同的模式：互联网时代的社会运动形塑"[1]。这种非情境化、去脉络化的研究过分强调互联网作为社会行动的游戏改变者，未能充分地将互联网和社会行动放置于在地的政治、历史、文化和社会等因素交缠的具体情境脉络之中。

同样，社会行动的情感也必须放置于特定的情境和脉络之中，以解释不同情境如何激发和维持社会行动的情感。正如约亨·克勒斯（Jochen Kleres）和奥萨·韦特格伦（Åsa Wettergren）所说，"不同的情感管理模式来自不同的政治和社会的背景和经历"[2]。他们通过分析全球环保社会行动中的不同的情感因素，包括恐惧、希望、愤怒和内疚等，发现来自发达国家的"北方国家"（Global North）的环保积极分子倾向于使用有希望的积极信息情感，同时拒绝内疚和责备等负面情感；而来自发展中国家的"南方国家"（Global South）的行动者则更倾向于将希望、内疚和愤怒等不同情感因素结合起来以更好地管理恐惧等消极情感。其他研究者也发现，大多数关于社会行动情感的研究主要强调消极情感的显著性，尤其是那些愤怒、愤慨和怨恨的情感，认为它们在社会行动中更突出、更容易发生作用，因为这种负面情感可以有效地促进个人参与社会行动。[3]

但是，个人很少只体验到某种单一的情感，而是在同一时间或者连续体验一个"情感星云"（emotional constellation）。事实上，社会行动者在社会行动时往往会同时遇到消极情感和积极情感。具体到互联网时代，卡斯特尔也认为，除了愤怒的负面情感之外，希望的积极情感对于激发社会行动也是至关重要的，而且呈现了从愤怒到希望的过渡。而根据克勒斯和韦特格伦的观点，不同的社会行动组织会根据不同的社会行动语境，选择、组合和管理不同的情感因素作为不同的"动员策略"（mobilizing strategies）。

基于以上文献讨论，本章将尝试回答以下研究问题：在互联网时代，社会

---

① Castells, M., *Networks of Outrage and Hope: Social Movements in the Internet Age*, Cambridge; Malden: Polity Press, 2012, p. 249.

② Kleres, J. & Wettergren, Å. Fear, Hope, Anger and Guilt in Climate Activism, *Social Movement Studies*, Vol. 16, No. 15, 2017, p. 507.

③ Petersen, R. D., *Understanding Ethnic Violence: Fear, Hatred and Resentment in Twentieth-Century Eastern Europe*, Cambridge: Cambridge University Press, 2002.

行动者特别是社会行动的组织者如何在社会行动中诉诸不同的情感策略？更具体而言，本章将在澳门的具体脉络下，考察互联网时代社会行动的情感路径，特别是澳门的社团社会、网络社会、政治冷漠社会下特殊的情感社会行动路径，并讨论其学术意义、现实意义和研究局限。

第二节　澳门脉络下的青年行动

　　曾处在澳葡政府管治下，而如今是中华人民共和国特别行政区的澳门，可以作为研究社会行动活动的独特场域。尽管"一国两制"的基本国策赋予了澳门特区政府高度的自治权，但中央政府通过"爱国爱澳"力量实际早就对澳门形成了根深蒂固的实质性影响，因此塑造了其社会行动的独特环境。

　　首先，澳门一直被视为一个"社团社会"。历史上，澳葡政府和中国政府都需要依靠不同的华人社团来代表他们管理这座城市。因为这一历史传统，澳门一直是社团密度最高的地区，截至2012年已经有超过6 000个注册社团，每10 000个澳门人中就有超过100个社团。这些传统社团，如澳门中华总商会、澳门街坊会联合总会、澳门工会联合总会以及新澳门学社等，不仅在澳门的政治生态中实际扮演着"准政党"的角色，还影响到澳门居民的日常生活，包括任何潜在的社会行动。

　　其次，澳门已经发展成为一个发达的"网络社会"。尽管澳门互联网发展起步较晚，由于市场过于狭小也没有发展出成熟的互联网数字经济产业，但互联网普及率极高，2016年网民比例已经高达80%，高出亚洲国家和地区平均值31%、全球平均值27%，甚至比美国还高出15%，特别是青少年群体的上网率更是完全达到或者非常接近于100%。在这一网络社会情境下，越来越多的新社会组织开始在互联网上建立、发展和维护。这些新组织不像传统社团那样与政府完全和谐相处，而是越来越热衷于社会行动，而且在社会行动中表现越来越积极甚至激进。然而，这些网络社团并不像全世界其他类似地网络组织一样纯粹或者主要以互联网为基础；相反，大多数活跃网络社团依然与传统线下社团，特别是所谓"民主派"的新澳门学社，有着密切的关系，即其成员和领导人基本是重叠的，因此跟随其直接或间接地在澳门组织了大量的社会行动。

最后，澳门传统上是一个"政治冷漠"的社会。一直以来，澳门都被定义为一个安静的和谐小城，民风淳朴、沉默寡言、安于现状、接受现实，而不喜欢社会行动。在这一传统之下，澳门社会行动的政治机会很少，澳门市民长期以来一直被视为"政治冷漠"（politically desenpathy），其政治意识和参与社会行动的程度较低。[①] 根据 2011 年进行的一项调查，92.1% 的受访者从未参加过社会行动。[②] 鉴于这种具体情况，社会行动组织者必须制定相应地策略以激活澳门市民的政治参与热情。正如受访者之一崔先生解释的，澳门人对政治或者社会事务都很"懒散""冷漠""不热衷""不关心"，澳门政治生态总体也很"沉闷"。因此，互联网和市民情感成为澳门人为数不多的可以借助的资源，必须充分利用才可能在那样"沉闷"的政治环境中激发政治参与等社会行动（崔先生，2012 年 4 月 20 日接受笔者采访）。

基于上述的脉络分析，本章将基于澳门特殊的社团社会、网络社会和政治冷漠的背景，考察互联网时代一种特殊的社会行动类型——社团发起、网络促成、情感激活的社会行动，并尝试建构一个以情感为中心的社会行动分析框架。具体而言，哪些特定的异见组织或者社会行动组织（特定社团），如何在互联网特别是社交媒体的辅助下（而非完全或者过于依赖互联网），通过哪些情感路径动员市民参与到特定的社会行动之中？

为探索上述细分研究问题，本章采用案例研究方法。案例研究策略性地浓缩理论和经验因素，以阐明某一单一实践或现象。具体而言，本章根据田野调查的经历，选择以下两个案例——"仆街 CTM"和"社会行动绿巴加价"。这些案例都是近年来发生在澳门的最有意义的、极具代表性社会行动。

---

① Kwong, Y. H., Protests Against the Welfare Package for Chief Executives and Principal Officials: Macao's Political Awakening, *China Perspective*, Vol. 4, 2014, pp. 61 - 65.

② Yee, H., Lou, S. & Chan, C. W., *Longitudinal Research on the Political Culture of Macau*, Hong Kong: Joint Publishing (HK) Co. Ltd., 2011.

第三节　快乐的社会行动

　　根据笔者的实地调查，当澳门的政治和社会组织试图在情感上动员市民参与他们发起的社会行动时，他们通常首先倾向诉诸幽默、欢乐和快乐的积极情感，而不是像传统社会行动情感研究所指出的那样优先诉诸负面情感。这种特殊的情绪路径是基于组织者的策略考虑，而不是某种"自主反应"（autonomic response）或"自发反应"（spontaneous reaction）。正如澳门网络活跃人士崔先生所解释的：

　　为什么要用恶搞这种形式来表达一些东西呢？如果一个社会，比如澳门本身都是很理性、很深入、很热烈地讨论一些社会上发生的事情和话题的话，恶搞这种东西就不怎么需要出现了。但是，现在很多澳门人，对政治和社会事务是懒散的、冷漠的，他们并不是很关心……不过，年轻人总是要上网的，如果网上有一种比较轻松的、比较接近生活的形式去让他们了解当下的社会和政治信息，那或许就会吸引更多的人参与政治讨论。所以，很多恶搞的题材都来自动漫、电影这些生活中经常接触的东西，是年轻人不抗拒的。那么，我们就在恶搞创作中加入一些本地的社会事务和政治话题，混合在一起给他们看，吸引大家的关注和讨论。事实也证明了，（恶搞这种方式）确实令更多澳门人在讨论和关注这些事情，是比较有成效的。（崔先生，2012 年 6 月 29 日接受笔者采访）

　　因此，恶搞是澳门情境和脉络下一种特定的社会行动路径，主要是网民使用电影、歌曲、图片、时事和公众人物等原本不相关和不协调的符号来制作创意、讽刺和颠覆性的叙事、话语、诗歌、歌曲、图像和视频等。澳门的恶搞文化与日本"KUSO 文化"[①] 有一定渊源，但与内地的"痞子文学"和香港的

---

　　① KUSO 在日文中指"可恶"的意思，也是词语"粪"的发音；也是英语单词"shit"的意思。该词起先是指教游戏玩家如何把"烂 Game 认真玩"的意思，通常也被当作骂人的口头禅。但在台湾的网络文化形成过程中，"KUSO"（或称为库索）则渐渐演变为"恶搞"之意。后来 KUSO 也渐渐有了无聊的含义。

"无厘头"电影文化有更密切的关系，成为一种很有港澳特色的文化实践，借对严肃主题的解构来表达不服从和反抗权威的情感。这种恶搞文化作为一种在地化的"文化干扰"（culture jamming），已经成为澳门市民特别是澳门青年非常倚重的一个社会行动路径。正如崔先生进一步解释的那样：

> 是不是纸上谈兵、恶搞一下就算了呢？其实不是的。这只是一个手法而已，如果能成功吸引大家的注意力，就可以有下一步的行动了。比如"绿巴事件"（社会行动绿巴加价事件），首先要带给大家一个信息，告诉大家有这样一件事情，在引发共鸣之后，就可以去组织，可以一步步地做。（崔先生，2012 年 6 月 29 日接受笔者采访）

下面我们用两个典型案例——"仆街 CTM"和"社会行动绿巴加价"来说明这种幽默的恶搞式社会行动。这两个案例在本书第五章中也有所呈现，但在这一章中我们将从快乐社会行动的视角再一次审视和阐释这两个案例。在"仆街 CTM"快闪社会行动中，"仆街"在澳门粤语语境下并不是一个简单的"卧倒""平趴"姿势，而是一个日常用来骂人、诅咒人的词语，但通过具体的身体姿势表达出来时，便成为强烈的文化景观，同时又表达出幽默、欢乐和快乐的情感。每一年的同一天，这些网络社团都会以同样地方式，通过网络组织动员，然后开展线下具体行动，再次组织了类似地快闪社会行动，而且现场明确打出了"快乐抗争"的口号。"社会行动绿巴加价"事件同样是另一个有趣的快乐社会行动案例。之前"仆街 CTM"的快乐社会行动经验被相应地网络社团再次运用到"社会行动绿巴加价"：首先，通过大量的恶搞作品"告知"公众并引发公众兴趣；其次，建立相应地 Facebook 专页动员网民参加线下的社会行动；再次，在社会行动当日把线上的恶搞社会行动创作延伸到线下的恶搞社会行动，网民纷纷以各种幽默、欢乐的方式在街头进行快乐社会行动；最后，街头的快乐社会行动都被及时上传到相应地网络社团进行讨论，吸引更多无法亲身参与线下社会行动的网民参与到线上社会行动中来。

这两个案例显示，在互联网时代，互联网越来越多地在澳门的社会行动中发挥重要的作用。但是，某些传统社团却依然扮演重要的发起者和组织者的角色，同时，组织者还特别策略性地优先诉诸恶搞形式的幽默、欢乐和快乐等情感，并被他们自己界定为"快乐抗争"。实际上，正如贾斯珀所言，"参与社会运动本身就是愉快的，与最终目标和结果无关。社会行动成为一种表达自己和道德的方式，并使社会行动者从中找到快乐和自豪"①。这些幽默和快乐的积极情感"可以创造各种各样的'吊钩'来吸引人们的加入"，并通过这种快乐的氛围来生产社会行动的情感能量（emotional energy）。因此，这种快乐社会行动以"欢乐和笑声"的气质引起共鸣，被认为更令人愉快、更有趣，因而也更具活力。

在整个田野调查期间，笔者确实可以感受到社会行动的乐趣特别是现场的快乐氛围，社会行动首先是欢乐的而不是苦大仇深的。在这个意义上，社会行动本身就充满了幽默、乐趣、欢笑和快乐；反之亦然，即幽默、乐趣、欢笑和快乐也内含了社会行动，从而创造出更具创意和积极意义的快乐社会行动形式。事实上，乐趣、快乐和幽默等积极情感一直都是快乐社会行动的不变元素，不是通过逻辑、理性和事实来进行社会行动，而是一种通过使用有趣话语来对抗严肃政治的社会行动策略。从这个意义上来说，乐趣、快乐和幽默等积极情感被视为参与快乐社会行动的基本前提条件，以保证社会行动者可以在社会行动过程中而不是社会行动结果上就能获得即时的情感满足，即获得一种快乐奖励。

这种快乐社会行动的形式也创造了一个新的政治空间，使网民在日常生活之外得以参与到某种意义上的"叛逆政治运动"（insurgent political movements）中来，以期在一定程度上改变现实世界。上述两个案例都在现实社会有一定的积极影响，比如，"仆街CTM"行动迫使CTM高层及政府出面回应社会行动者的诉求，并因为其每年进行而形成某种制度化沟通形式；"社会行动绿巴加价"行动则迫使政府暂停了所有加价申请特别是直接驳回了绿巴公司的加价申请。而且，快乐社会行动最终都并不局限于社会行动议题本身，而通常会将社会行动的乐趣与特定的政治议程相结合，使其成为社会和政治变革的催化剂，比如，上述两个案例最终指向CTM的垄断行为及政府与巴士公司之间的"官商勾结"等而要求相应地政治改革。

同时，快乐社会行动的意义又超越现实社会当下的、具体的改变和改革本身，而在于其对现实社会本身的改变。"直接行动的嬉戏提供了另一种现实，但它也让嬉戏变得真实；它把真实从西方框架中的童真和虚假中解放出来，并将

---

① Jasper, J. M., The Emotions of Protest: Affective and Reactive Emotions in and Around Social Movements, *Sociological Forum*, Vol. 13, No. 3, 1998, p. 415.

其抛诸政治家和决策者的面前。"① 因此，快乐社会行动也是一种意识形态批判的有趣行为。实际上，澳门的快乐社会行动往往暗含某种批判，并以嬉戏般的乐趣、快乐和幽默等积极情感颠覆澳门政治的严肃性。

第四节　愤怒的社会行动

由于新澳门学社在澳门政治生态内自称为"民主派"和"反对派"，其附属及相关社团组织一直跟随新澳门学社监督澳门特区政府的治理。因此，在早期策略性地诉诸积极情感以吸引公众注意进行快乐社会行动并通过隐藏文本对政府进行批判的基础上，他们逐渐转向愤怒、愤慨和怨恨等消极情感，以更直接、更激进地动员直指政府的政治社会行动。另一位网络活跃人士周先生解释说：

恶搞只是一个特定的策略，是一种手段而不是目的。我们使用恶搞来吸引注意力，继而引发愤怒，最后用这种愤怒来激发实际的政治社会行动。我们仍然可以在社会行动中使用恶搞，但我们不再那么欢乐搞笑了，不再使用"快乐抗争"的口号了。（周先生，2016 年 7 月 7 日接受笔者采访）

从这个意义上来说，上节讨论的幽默、欢乐和快乐等积极情感固然是作为快乐社会行动的前提策略，但恶搞式快乐社会行动本身又成为更直接和更激进的政治社会行动的基础；文化行动本身往往作为"政治行动的一种垫脚石"②。实际上，除了幽默、欢乐和快乐等积极或者正面情感之外，传统研究更多的还是强调不满、抱怨、愤慨、愤怒和怨恨等消极或者负面情感对社会行动的巨大动员作用，充当众多社会行动背后最主要的动力。正如卡斯特尔所述，"社会运

---

① Jordan, J., The Art of Necessity：The Subversive Imagination of Anti-road Protest and Reclaim the Streets, in Mckay's, G., ed., *DIY Culture：Party and Protest in Nineties Britain*, London；New York：Verso, 1998, p.133.

② Duncombe, S., *Cultural Resistance Reader*, New York：Verso, 2002, p.6.

动不仅仅是因为贫穷或政治上的绝望，他们需要通过对不公正的愤怒而触发的情感动员"①。有些学者甚至认为对社会行动而言，负面情感比正面情感更为突出、更为重要，因为不满、抱怨、愤慨、愤怒和怨恨是社会行动动员更直接的"驱动力"，能够充分动员公众参与某些社会行动。② 这些负面情感根植于社会结构变化并直指社会等级、不平等、不公正，并暴露出权力当局的虚伪，因此展现出强大的动员力量。

根据笔者的田野调查，随着快乐社会行动逐渐激发澳门市民特别是澳门青年的政治参与热情和社会行动兴趣，与快乐社会行动相对应的愤怒社会行动路径也逐渐浮现，即愤怒等消极和负面情感逐渐成为特定政治社团进行社会行动动员的核心情感。新澳门学社及其附属社团往往借助互联网特别是 Facebook 新闻专页和群组专页，将各种社会问题归咎于特定的政府官员和政府部门，把其指认为不平等和不公正的根源，并渲染和放大这些负面情感而逐步推向具体的线下社会行动。

小　结

本书立足于澳门特定的社团社会、网络社会和政治冷漠社会的背景，基于以情感为中心的社会行动分析框架，考察了互联网时代澳门青年特殊的社团发起、网络促成和情感激活的社会行动。本书发现，互联网在澳门青年社会行动中扮演着日益重要的促进作用，但它并不像很多既有研究所指出的那样，成为社会行动的决定性因素。③ 在互联网特别是社交媒体的辅助下，传统的社团组织仍然起到至关重要的发起和组织作用，而且在他们的策略之下，澳门社会行

---

① Castells, M., *Networks of Outrage and Hope: Social Movements in the Internet Age*, Cambridge; Malden: Polity Press, 2012, p. 248.

② Henderson, V. L., Is There Hope for Anger? The Politics of Spatializing and (Re) Producing an Emotion, *Emotion, Space and Society*, Vol. 1, No. 1, 2008, p. 28.

③ Castells, M., *Networks of Outrage and Hope: Social Movements in the Internet Age*, Cambridge; Malden: Polity Press, 2012.

动主要依赖两条特定的情感动员路径，发展出两种特殊的情感社会行动：一是快乐社会行动，二是愤怒社会行动，而且前者是后者的铺垫。

"快乐"与"愤怒"两条路径与杨国斌的"悲情"与"戏谑"两条路径可以形成某种对比和对话，即在不同的政治机会结构下，情感动员会有相应不同的情感路径。但是，澳门的"快乐"与"愤怒"路径相对来说有更宽松、积极的策略空间。这种看似理性的策略选择不仅不是与感性的情感倾向相矛盾，相反，它是应该一直就内化于情感动员研究的。情感动员从来都不是一种自主反应或自发行为，而是建立在社会行动者特别是组织者的主观判断和评估基础上的。有些学者甚至用"情感策略"（emotional strategy）的概念来解释这种策略性的情感动员，即社会行动组织者如何策略性地利用其组织、资源、力量和创造力以激发特定的情感路径而进行相应地社会行动动员。[1]

但是，我们也不能浪漫化这种特定情境下的情感策略及其社会行动模式，而仍然要把握这种特定的社会行动模式内在的局限性。实际上，这种社团发起、网络促成、情感激活的社会行动往往都只是短暂的、一次性的社会行动，而不能在持续的社会行动中建立长期的社会关系，并在这种社会关系的基础上建立集体认同。换言之，这种社会行动模式也无法通过多元的、复杂的、异质的社会过程和政治过程，经由民粹理性的霸权接合塑造出某种可能的集体认同。

尽管没有建立起这种整体性的集体认同和集团，但这一社会行动模式却逐渐地在澳门塑造了一个"社会行动世代"——上述系列的社会行动社团、组织者、社会行动者都基本是"90后"网民——一扫澳门"和谐小城"和澳门人"安分小民"的形象。因此，这场"青年震荡"甚至被认为代表着"澳门的政治觉醒"[2]。从社会行动中跳脱出来的"90后"青年也纷纷在现实社会中介入澳门的政治生态，成为一股新兴的政治力量。

---

① Whittier, N., Emotional Strategies: The Collective Reconstruction and Display of Oppositional Emotions in the Movement Against Child Sexual Abuse, in Goodwin, J., Jasper, J. M. & Polletta, F., eds., *Passionate Politics: Emotions and Social Movements*, Chicago: The University of Chicago Press, 2001, pp. 233 – 250.

② Kwong, Y. H., Protests Against the Welfare Package for Chief Executives and Principal Officials: Macao's Political Awakening, *China Perspective*, Vol. 4, 2014, pp. 61–65.

第八章

结语

······

2018 年《自然》杂志（*Nature*）推出专题"青少年科学必须成长"（*Adolescence Science Must Grow Up*），呼吁学界要关注新时期的青少年问题。编辑在社论中鲜明地指出，"青年人受到社会简单粗暴的对待处理。作为新的全球努力的一部分，我们迫切需要有针对性的研究和方法来帮助他们"①。而这一专题正是归集了 9 篇有针对性的研究，从不同现实面向讨论青少年在这个日益数字化和日益激烈甚至残酷的社会竞争环境下所面对的问题和可能的解决路径。比如，克里·史密斯（Kerri Smith）关注青少年的"冒险"（risk-taking）问题，认为成人世界和学界对这一问题充满消极的刻板印象，但青少年的"冒险"行为并不仅仅是一种"反叛"（rebellion）表征，而需要我们从神经系统科学层面去重新认识青少年和冒险行为之间更丰富和细微的关系。② 罗伯特·布鲁姆（Robert Blum）和乔·博伊登（Jo Boyden）则从理解低收入国家青少年问题的角度出发，强调对这些国家和地区的青少年来说，贫穷和边缘化对他们健康的影响远甚于其各种冒险活动。③ 坎蒂丝·欧迪克（Candice Odgers）则关注青少年的手机使用，并把他们称为"智能手机世代"（smartphone generation），她选择站在青少年的一边，指出大多数智能手机对青少年的影响并不如家长等所设想的那么糟糕，实际上他们大多数人已经能很好地应对这一新事物；即使智能手机有负面影响，这负面影响更多的是线下现实问题借手机进行一定的放大而已。④

由此可见，除了社会科学界，自然科学界也在积极介入青年研究领域。尽管自然科学界的理论视角和研究方法会明显有别于社会科学界，但这一系列研究却也同样着眼于青年的社会问题，也在一定程度上反映了青年问题和青年研究日益受到重视，有从边缘走向中心的迹象。

首先，在传统社会科学界甚至传统青年研究领域，"青年"本身往往被视作某种"边缘"的存在，是处于童年与成年的一个过渡时期和过渡阶段，不仅在现实社会中不被特别重视并被视为"麻烦"和"叛逆"所在，在学界也被相应地用"越轨"等边缘视角来审视和阐释。尽管笔者对此带着批判的态度，但

---

① Editorials, Adolescence Science must Grow Up, *Nature*, Vol. 554, 2018, p. 403.

② Smith, K., Sex and Drugs and Self-control: How the Teen Brain Navigates Risk, *Nature*, Vol. 554, 2018, pp. 426 – 428.

③ Blum, R. & Boyden, J., Understand the Lives of Youth in Low-income Countries, *Nature*, Vol. 554, 2018, pp. 435 – 437.

④ Odgers, C., Smartphones Are Bad for Some Teens, Not All, *Nature*, Vol. 554, 2018, pp. 432 – 434.

也得直面这样边缘的现实。青年文化在数字时代不仅不再处于边缘地带和弱势话语局面，而且正在迅速成为一种主流文化和主导文化。因为经过近三十年数字化浪潮的冲击，家庭代与代之间已经经历了一场"静悄悄的革命"，父辈与青年之间出现了"数字鸿沟"，父辈需要并且逐渐接受青年世代的"文化反哺"和"数字反哺"。[①] 不仅家庭内部，整个社会乃至官方都越来越重视、讨好、取悦甚至谄媚青年人，比如很多官方媒体都需要一改其长期的说教和严肃口吻而通过"卖萌"等方式迎合青年人，更不用说其他传统媒体都卖力地挪用网络词汇生硬地向青年靠拢。这种种迹象其实是为"青年震荡"做好了各种铺垫和准备，即青年已经"静悄悄地"从边缘进入"中心"，而且这"中心"已经成为"震荡"的"震中"，牵一发而动全身，其震荡必然是全局性的，对整个社会乃至政治都会产生深远的影响，这也正是本次年度词语"青年震荡"所揭示的内涵所在。

其次，尽管青年文化研究已经经历了芝加哥学派、伯明翰学派和后亚文化研究三个主要阶段的积累和发展，并且出现了一系列富有影响力的学者和研究，但进入后亚文化研究之后总体已显式微之势，仅有较少全球性以及有同样深远影响的学者和理论概念产生。一方面，青年文化研究作为一个独立研究领域在社会科学大领域内的影响和贡献整体没有继续扩展反而有所萎缩，换言之，学科总体有边缘化的趋势；另一方面，传统青年文化研究对数字时代涌现的种种新现象、新问题也没有展现出其应有的解释力，即原有理论资源对经验世界而言也有边缘化趋势。而随着在数字时代下青年群体本身从边缘到中心以及青年文化从弱势到主导的趋势性转变，特别是近几年青年行动的迅猛崛起，实际给青年文化研究提供了重新发展的时代性机会——一个重新从边缘到中心的机会。这个机会不仅意味着青年文化研究本身的重新崛起，而且提供了一个青年视角来审视整个社会和整个时代的其他各种文化问题、社会问题和政治问题。

最后，不仅青年文化及青年文化研究本身有从边缘到中心的趋势，澳门青年这个特定的群体也能提供这种从边缘到中心的可能。在全球范围内，澳门只是一个不起眼的小城，除了博彩业之外，其他的基本都处于边缘位置，不太会受到关注；哪怕相对于地理位置毗邻的香港，澳门在很多方面也暗淡或者平淡

---

① 周裕琼：《数字代沟与文化反哺：对家庭内"静悄悄的革命"的量化考察》，《现代传播》2014 年第 2 期。

很多，不仅在现实经验世界如此，在学术研究层面也是如此，澳门总体处于较为边缘的位置。而具体到澳门语境下，在传统的社团社会下，青年总体也是处于边缘位置，不仅在几千个社团中鲜有青年社团，在各社团中青年也鲜有话语权。一方面，随着互联网的发展，澳门青年世代作为"数字原住民"已经正式崛起，成为重要的社会力量和政治力量，甚至在政治生态中也开始有青年立法会议员的出现，即在一定程度上也已经有从边缘到中心的趋势，这也是绪论中谈到的澳门"青年震荡"的根源所在。另一方面，随着澳门青年世代的崛起，近年来对澳门青年文化的关注日益增多，由于澳门特殊的语境，反而往往能提供有一定创新性的研究启发，一定程度上也存在"边缘成为中心"的可能。

本书正是在这一大的现实背景和研究脉络下，专注数字时代的青年文化，并在澳门这一更具体的特定语境下，不仅仅是考察澳门青年本身的网络实践，更是希望在绪论中讨论的"澳门作为案例"的基础上，以这个"非西方"的"边缘"案例，探讨"边缘成为中心"的可能性，即通过澳门特定经验下的研究发现，为整体性的青年文化研究乃至其他社会科学领域更广泛的问题提供一定的思考和贡献。

第一，尽管传统青年文化研究已经对劳动问题有所触及，但主要是在"阶级"概念下，把劳动问题放置于阶级世代中去讨论。当然，更主要的一个原因可能是，传统青年文化研究关注到的青年群体在传统社会里很多时候还不是成年劳动者，至少并不是主力劳动者。但是，在数字时代，即使青年群体还没有进入正式劳动力市场成为职业化的劳动者，却因为互联网特别是社交媒体新的"用户生产内容"模式，而成为网络空间中最主要的数字劳动者群体之一。这时候，传统青年文化研究不是特别重视的劳动问题可能需要特别地突显出来，这既有现实的重要性，即作为一个新的重要的现实问题，也有理论研究的重要性，即这种网络空间的非物质劳动实际是后续探讨数字时代青年文化重要的生产性基础。特别是在澳门特定的网络社会发展背景下，尽管澳门的信息化和网络化程度已经非常高，但仍缺少本土的发达的互联网信息公司，并没有专业的网络内容提供商和充足的专业互联网从业者。这时候，普通青年网民作为网络内容和网络文化的主要生产者的作用显得尤为重要。同时，劳动有着特殊的政治潜能，实际也指向了文化生产之外政治动力的可能，特别是与非物质劳动紧密相关的"帝国"与"诸众"等概念，能够帮助我们在"阶级"和"世代"等概念之外，超越青年文化研究视角，在全球视野下看待这种青年网络劳动实践的抵抗、反叛、颠覆和解放的意义。

第二，数字时代青年文化的一个突出网络实践问题便是媒介实践，即青年网民基于社交媒体和"用户生产内容"模式挪用、生产和发展各种网络媒体，并实践"公民新闻""另类新闻""草根新闻""参与式新闻"等各种网络新闻。这种媒介实践行为在传统青年文化研究中也是较为边缘的，因为传统社会下青年作为边缘性存在，其在媒介权力场域中的话语权也是相对较弱的，甚至处于"缺席"和"失语"的状态。相应地，传统青年文化研究者对青年与媒介关系的关注，更多的是批判性地考察边缘的越轨青年群体如何被主流媒体再现，或者这些青年群体如何抵抗这些主流媒体再现。换言之，传统青年文化研究对青年的媒介实践总体没有给予充分的重视，而且主要采用"再现—抵抗"的类二元对立框架。而在数字时代，互联网成了青年的主场，青年也成了新媒体的主力。因此，青年文化问题不再是如何被主流媒体再现和建构的问题，而是青年无视主流媒体而另辟新天地将互联网发展为自己的"主流媒体"的问题。而在这种新的媒介实践的背后，本书第四章更具体地聚焦澳门青年网民如何通过社交媒体、移动媒体、地方媒体的媒介实践，进行 SoMoLo 新闻实践，并呈现从 SoMoLo 新闻向 SoMoLo 行动的演变趋势，而这一演变趋势又揭示出澳门数字时代新闻民主从微小期待向宏大叙事演变的另类趋势。因此，澳门青年网民的媒介实践相对之前的传统青年媒介实践，更显主体性、能动性和现实性，即这种青年媒介实践实际产生了"媒介生态"的根源性影响，能够生态性地影响整个社会。某种程度上说，这也是"青年震荡"产生整体性影响的一个路径所在。

第三，身份认同问题始终是文化研究最关注的问题之一，更是青年文化研究的核心关怀之一。不管是芝加哥学派对作为边缘人青年的越轨研究，伯明翰学派对青年抵抗仪式的风格研究，还是后亚文化研究对新自由主义消费文化下青年的部落化研究，一以贯之的共同主旨就是对青年身份认同问题的探索。而数字时代的青年身份认同问题正是对这一脉络的进一步深化和复杂化，因为随着互联网特别是社交媒体的发展，青年的"流动身份"实际上更是日益展现出其自发性、短暂性、流动性、混杂性、多元化、碎片化、飘忽不定、时隐时现和诡异多变，这在给青年文化研究提出新挑战的同时也带来了新机遇。为了更好地探索和考察这一问题，本书第五章主要聚焦于青年文化多元认同中最主要的一种身份认同——国家认同。一方面，传统青年文化研究对青年认同的关注主要停留在微观层面，探讨青年个体的或者社群的认同问题，较少触及宏观层面的国家认同问题；另一方面，在澳门特殊的历史和政治语境下，国家认同问题是众多认同问题中最为突出也最有特色的问题，同时也是青年身份认同问题首先要面对的现实问题。通过借鉴卡斯特尔的"合法性身份—抗拒性身份—计划性身份"的分析框架，本书展现了澳门青年网民身份认同，特别是国家认同中的内部复杂性，以及其中冲突、暧昧、动态的内在关系。而由于国家认同问题的重要性以及青年的世代成长性，澳门青年网民的身份认同表演可能会是澳门"青年震荡"未来产生深远政治性影响的一个根源。

第四，青年文化不是私人领域的文化，而是群体的和世代的文化，总是以一定的"社群"形式为基础。传统青年文化研究中，芝加哥学派关注的"街角社会"，伯明翰学派关注的光头党、嬉皮士、摩登族等，后亚文化研究关注的"新部落"、俱乐部、舞吧场景等，实际上都是不同时代、不同世代、不同语境下的青年"社群"。本书聚焦的数字时代青年文化的几个重要维度，如网络非物质劳动、SoMoLo新闻与行动、身份认同的表演以及社会行动的情感动员，实际上也都离不开特定的青年网络社群。因此，某种程度上，对青年网络社群的研究是数字时代整体青年文化研究的重要基础和前提。为了在更高的理论层次上探讨这一基础性问题，本书第六章引入了安德森"想象的共同体"的理论概念，不仅包括其概念本身的创造性和启发性，而且包括后人对其理论概念的批判和延展，在此基础上，将澳门青年网民的网络社群视作一种"再想象的网络社群"，形成一定的理论对话和现实观照。因此，第六章在安德森"想象的共同体"的基础之上，强调要在变化的进程中、在互联网空间上、在民族主义外再想象共同体。具体而言，是在澳门具体语境脉络下，突显澳门青年网民的主体性实践，考察他们如何在民族国家身份认同之外，动态地在互联网空间建构了更多的另类想象共同体与身份认同计划的可能。这种青年网络社群的主体性实践不但建构了再想象共同体的更多可能性并展现各种可能性之间的内在复杂性，而且从青年视角对"谁的想象的共同体"问题作出一定回应并打开后续探索的一个视角。

第五，传统青年文化研究主要聚焦线下文化，而网络青年文化研究则主要聚焦线上文化，两者之间似乎有着天然的鸿沟。但是，随着信息通信技术的发展，特别是社交媒体的发展和移动智能手机的普及，传统线上线下的二元划分实际上已经不再恰当了，因为线上线下之间已经不再有绝对的藩篱而是彼此交融甚至融为一体了。因此，数字时代的青年文化研究不仅要着眼于网络空间的青年文化实践，而且要探寻这些线上实践的线下影响以及线上线下之间的互相反馈机制。实际上，本书聚焦的种种线上青年文化实践问题，特别是媒介实践、认同实践和社群实践，最终都在线下生活找到相应地落脚点，即线下相应地社会行动，而线下的社会行动又会反馈成为新的网络青年文化的一部分。因此，澳门的"青年震荡"不仅仅是在网络上，也在街头上、在广场上、在立法会里、在现实社会生活中，这也是从文化政治视角深入研究澳门青年的网络文化实践的现实意义所在。同时，传统青年文化研究虽然也关注青年实践行动，但往往是侧重非正式的、另类的、文化的行动，比如文化干扰等，较少地研究青年正式的、集体的社会行动等，因为传统上青年总体上是被认为"政治冷淡"甚至是"政治冷漠"的。因此，本书第七章通过"重新激活社会行动中的情感要素"，从情感动员的视角和框架考察了澳门特定青年社团如何基于互联网策略性地诉诸特定的情感路径（一是快乐社会行动，二是愤怒社会行动，而且前者是后者的铺垫），从而吸引澳门网民特别是澳门青年网民参与到其发起和组织的社会行动中。这种青年世代最直接的政治参与和行动，是澳门"青年震荡"最直接、最明显的显露。

以上五点是本书五个主体章节的概述，也是本书期望对既有研究有所贡献的五个面向。尽管如此，本书也有许多局限和不足，需要进一步地发展和完善。

在研究发现上，上述五个面向的研究发现主要是基于笔者对澳门青年网民文化实践的田野调查而逐一延伸出来的，是对特定青年文化实践的深描而不是对整体青年文化的全景式描写。因此，这些研究发现可能是数字时代青年文化的几个重要面向，但也可能遗漏了其他重要的实践面向，需要有更多不同维度、不同面向、不同侧重的后续研究。同时，尽管上述的五点概述分别对第二章综述的既有青年文化研究作出了一定的回应，但这种回应还是针对各自微观具体问题的回应而不是宏观抽象问题的回应，因此还缺乏总体性、纲领性、理论性的范式提升，不像芝加哥学派、伯明翰学派和后亚文化研究之间有明显的研究视角、理论和范式的差异。因此，整体研究与既有研究之间的回应问题上还有较大的提升空间；同时，有关整体研究内部即五个面向之间的有机勾连尽管在上述概述中也有所论述，但各研究发现之间实际上还无法有机统合在一个大的研究框架之下，这与上述整体性不足实际互为因果。

在研究设计上，本书主要采用案例研究的研究设计，并期望通过单一实践案例研究凝聚理论，超越案例的"独特性"而关照理论的"一般性"，特别是以"非西方"的"澳门作为案例"，大胆地提供一个可能的概念化地图。某种程度上，本书实际上是尝试把澳门青年的网络实践视作一种"地方性知识"，是澳门青年网民因地制宜而创造的生活形式中的一种地方性案例，是特定地方、特定形式的特定事物产生的特定意义并发挥特定影响的特定模式，因此，是诸多案例中的一个案例，是诸多世界中的一个世界。尽管格尔茨主张这种"独特性"知识相对"一般性"知识而言，在对意义深度掌握上具有优越性，却也一再强调具体脉络下的"独特性"知识与跨脉络解释力的"一般性"知识之间存在着一种往复依回的关系，即地方性知识实际上也能扩张其中心分析概念的适用性并扩大读者对人类可能性的认识。实际上，格尔茨就曾特别提醒，"人类学家不研究村子（或部落、城镇、社区……）；他们只是在村子'里'做研究"。因此，"地方性知识"并不是去到"地方"所收集到的"知识"，而是通过地方脉络，呈现并理解事件"复杂的特定性"（complex specificness）和"境况性"（circumstantiality），进而指向更普适性的一般性知识。[①] 套用格尔茨的句法，"澳门青年文化研究者并不只是研究澳门；他们只是在澳门做研究"。因此，本书虽是考察澳门青年地方性的网络实践，却期望指向一般性的劳动问题、认同问题、社群问题、情感问题等。不过，目前对这种"独特性"与"一般性"之间往复依回关系的论述还是明显不足的，未来一方面需要更多地方性深描研究反身性地审视澳门青年的地方性实践，另一方面可能也需要更多跨地区甚至跨国别的比较研究以强化上述的反身性研究。

　　在研究方法上，因应案例研究设计特别是"地方性知识"的研究视角，本书主要依赖虚拟民族志的研究方法并配合一定的深度访谈，但总体上是过于依赖民族志式参与观察而在深度访谈方面还明显不足。民族志式参与观察固然能呈现出独特的理解和阐释优势，但在互联网空间相对"贫瘠"的田野局限下，实际上比较难借由单一的互联网在线观察穿透现实时空局限，洞察互联网背后青年群体的心理、动机、感受、情绪、故事等。因此，研究需要采用深度访谈作为必要的辅助和补充。本书呈现了笔者六年的在线观察，也补充了部分关键青年网民的线上、线下深度访谈，但在访谈方面总体上还是稍有遗憾，希望未来可以更直接地通过深度访谈的研究方法探索澳门青年文化问题。

---

① Geertz, C., *The Interpretation of Culture*, New York: Basic Books, 1973, pp. 22－23.

最后，本书的部分内容已经发表于《新闻学研究》《北大新闻与传播评论》《国际传播学刊》（*International Journal of Communication*）、《中华传播学刊》（*Chinese Journal of Communication*）、《媒体国际澳大利亚》（*Media International Australia*）等国内外学术期刊，在此对各期刊、编辑及审稿人等致以谢忱。

参考文献

······

［1］［德］柯尔施著，王南湜译：《马克思主义和哲学》，重庆：重庆出版社 1989 年版。

［2］［德］马克思、［德］恩格斯著，中共中央马克思恩格斯列宁斯大林著作编译局编译：《马克思恩格斯选集（第一卷）》，北京：人民出版社 1995 年版。

［3］［德］马克思著，中共中央马克思恩格斯列宁斯大林著作编译局编译：《资本论（第一卷）》，北京：人民出版社 2004 年版。

［4］［法］梅洛·庞蒂著，杨大春等译：《辩证法的历险》，上海：上海译文出版社 2009 年版。

［5］［美］丹尼斯·德沃金著，李凤丹译：《文化马克思主义在战后英国》，北京：人民出版社 2008 年版。

［6］［美］弗里德里克·詹姆森著，陈清侨译：《晚期资本主义的文化逻辑》，北京：生活·读书·新知三联书店 2013 年版。

［7］［美］斯蒂文·贝斯特、［美］道格拉斯·凯尔纳著，陈刚等译：《后现代转向》，南京：南京大学出版社 2002 年版。

［8］［匈］乔治·卢卡奇著，张西平译：《历史和阶级意识》，重庆：重庆出版社 1989 年版。

［9］［英］雷蒙·威廉斯著，王尔勃等译：《马克思主义与文学》，郑州：河南大学出版社 2008 年版。

［10］［英］雷蒙·威廉斯著，祁阿红等译：《希望的源泉》，南京：译林出版社 2014 年版。

［11］《"青年震荡"被牛津词典列为年度词，它说明了什么社会变化?》，https://www. 1688. com. au/lifestyle/ausliving/2017/12/18/255890/ ,2017年。

［12］《"青年震荡"缘何成为〈牛津词典〉2017 年度词汇?》，https://

www. shobserver. com/news/detail?id = 74374 ,2017年12月18日。

［13］《澳生国民身份认同急降 学联倡国民教育兼顾"一国两制"》,《澳门日报》,2015 年 3 月 13 日。

［14］澳门互联网研究学会:《澳门居民互联网使用趋势报告》,http://www. macaointernetproject. net/uploads/default/files/internetusgaetrendsinmacao 2018_ chi_ 20180606. pdf ,2018年。

［15］澳门互联网研究学会:《澳门全民意指数研究报告 2011》,http:// www. macaointernetproject. net/index. php/files/download/73 ,2011年。

［16］澳门互联网研究学会:《第十七次澳门居民互联网使用年度调查报告》, http://www. macaointernetproject. net/uploads/default/files/macaonetusereport2017_ 20170301_ mair. pdf ,2017年。

［17］曹晋、张楠华:《新媒体、知识劳工与弹性的兴趣劳动——以字幕工作组为例》,《新闻与传播研究》2012 年第 5 期。

［18］曹文宏:《非物质劳动:一个似"马"非"马"的理论命题——基于对哈特和奈格里帝国理论的解读》,《马克思主义研究》2017 年第 2 期。

［19］曾一果:《去殖民化以来"澳门意识"的媒介建构——以〈文化杂志〉"中文版"为研究对象》,《全球传媒学刊》2012 年第 12 期。

［20］陈雪云:《全球风险、知识与终身学习》,《社会教育学刊》2002 年第 12 期。

［21］仇国平:《从国家与市场力量驱动角度,研究香港与澳门国民身份的建立及演变》,社会研究学会年会,2011 年。

［22］邓蕾:《青年研究的文化之维:何以可能? 何以可为?》,张恽、刘宏森主编:《青年研究:新视野、新问题和新方法（2016—2020）》,上海:上海交通大学出版社 2017 年版。

［23］冯建三:《传播、文化与劳动》,《台湾社会研究》2010 年第 77 期。

［24］郭镇之:《舆论监督与西方新闻工作者的专业主义》,《国际新闻界》1999 年第 5 期。

［25］何道宽:《媒介环境学辨析》,《国际新闻界》2007 年第 1 期。

［26］贺绫声:《小市民没有梦只有低头》,《文化杂志》2011 年。

［27］黄淑蕙:《没有生态,只有历史:传播生态研究之省思》,《世界新闻传播学院学报》1996 年第 6 期。

［28］黄歆、刘畅：《"爱国爱澳"写进澳门〈非高等教育制度纲要法〉》，新华网，http://news. xinhuanet. com/gangao/2014－12/16/c＿1113667522. htm，2014年12月16日。

［29］江雁南、朱永潇：《澳门变革启示香港超越认同危机化解深层次矛盾》，《亚洲周刊》，2014年12月28日。

［30］姜华：《公民新闻及其民主监督作用初探》，《国际新闻界》2013年第4期。

［31］黎熙元：《澳门的社团网络与国族认同》，郝志东编：《国家认同与两岸未来》，澳门：澳门大学中心出版社2008年版。

［32］黎熙元：《难以表述的身份——澳门人的文化认同》，《二十一世纪》2005年第12期。

［33］林玉凤：《媒体、身份认同与公民社会——以澳门为例》，《第8届"媒介与环境"国际学术研讨会》，台北：天主教辅仁大学2011年版。

［34］林玉凤：《我来自这样的一个城市》，《文化杂志》2011年。

［35］林玉凤：《中国境内的第一份近代化中文期刊——〈杂闻篇〉考》，《国际新闻界》2006年第11期。

［36］刘世鼎、劳丽珠：《网络作为澳门的另类公共领域》，《新闻学研究》2010年第102期。

［37］卢晖临、李雪：《如何走出个案——从个案研究到扩展个案研究》，《中国社会科学》2007年第1期。

［38］邵培仁：《传播生态规律与媒介生存策略》，《新闻界》2001年第5期。

［39］苏钥机：《从生态学观点探讨传媒的共栖和杂交现象》，朱立、陈韬文编：《传播与社会发展》，香港：香港中文大学新闻与传播学系1992年版。

［40］谭宏业：《论澳门经济适度多元化》，《特区经济》2007年第8期。

［41］谭志强、吴志良：《中国领土上出版的第一份外文报纸：澳门的葡文〈蜜蜂华报〉（1822—1823）》，《新闻学研究》1998年第57期。

［42］汪行福：《〈帝国〉：后现代革命的宏大叙事》，复旦大学当代国外马克思主义研究中心编：《当代国外马克思主义评论（5）》，北京：人民出版社2007年版。

［43］吴国昌：《批判"大澳门意识"，重建"澳门问题"》，《澳镜》，1987

年 1 月。

［44］夏春祥：《传播的想像：论媒介生态学》，《新闻学研究》2015 年第 125 期。

［45］杨国斌：《悲情与戏谑：网络事件中的情感动员》，《传播与社会学刊》2009 年第 9 期。

［46］袁海萍：《国外青年互联网行为研究及借鉴》，《青年研究》2016 年第 1 期。

［47］张静：《案例分析的目标：从故事到知识》，《中国社会科学》2018 年第 8 期。

［48］张元元：《澳门法治化治理中的角色分析》，澳门理工学院博士学位论文，2009 年。

［49］中国互联网络信息中心：《中国互联网络发展状况统计报告》，http：//www. cnnic. net. cn/gywm/xwzx/rdxw/20172017＿7047/201808/P020180820603445431468. pdf，2018年。

［50］中国互联网信息发布中心：《第 40 次中国互联网络发展状况统计报告》，http：//www. cac. gov. cn/2017－08/04/c＿1121427728. htm。

［51］钟庭耀：《港澳两地回归周年民情比较》，吴志良、杨允中编：《澳门 2001》，澳门：澳门基金会 2001 年版。

［52］周大鸣、李居宁：《澳门回归后土生葡人的调适与群族认同》，《开放时代》2007 年第 2 期。

［53］周裕琼：《数字代沟与文化反哺：对家庭内"静悄悄的革命"的量化考察》，《现代传播》2014 年第 2 期。

［54］Digital in 2018：World's Internet Users Pass the 4 Billion Mark，https：//wearesocial. com/blog/2018/01/global-digital-report-2018.

［55］Global Internet Penetration Rate from 2009 to 2016，https：//www. statista. com/statistics/265149/internet-penetration-rate-by-region/.

［56］Arvidsson，A. & Colleoni，E.，Value in Informational Capitalism and on the Internet，*The Information Society*，Vol. 28，No. 3，2012.

［57］Ahmed，S.，*The Promise of Happiness*，Durham：Duke University Press，2010.

［58］Alexander，G. & Bennett，A.，*Case Studies and Theory Development in* the Social Sciences, Cambridge：MIT Press, 2005.

［59］Hearn, A., Brand Me "Activist", in Mukherjee, R. & Banet-Weiser, S., eds., Commodity Activism：Cultural Resistance in Neoliberal Times, New York：New York University Press, 2012.

［60］Anderson, B., Affective Atmospheres, Emotion, Space and Society, Vol. 2, No. 2, 2009.

［61］Anderson, B., ed., Imagined Communities：Reflections on the Origin and Spread of Nationalism, London：Verso, 1991.

［62］Anderson, P., Considerations on Western Marxism, London：Verso Books, 2016.

［63］Bennet, A. & Kahn-Harri K., After Subculture, Critical Studies in Contemporary Youth Culture, New York：Palgrave Macmillan, 2004.

［64］Ardizzoni, M., Tactical Media Practices in Italy：The Case of Insu & tv, Journalism, Vol. 14, No. 7, 2013.

［65］Hochschild, A. R., The Managed Heart：Commercialization of Human Feeling, Berkeley：University of California Press, 1983.

［66］Askins, K., "That's Just What I Do"：Placing Emotion in Academic Activism, Emotion, Space and Society, Vol. 2, No. 1, 2009.

［67］Atton, C. & Hamilton, J., Alternative Journalism, London：Sage, 2008.

［68］Atton, C., Alternative and Citizen Journalism, in Wahl-Jorgensen, K. & Hanitzsch,T., eds.,The Handbook of Journalism Studies,New York:Routledge, 2009.

［69］Atton, C., Alternative Media, London：Sage, 2002.

［70］Bruns,A., Blogs,Wikipedia,Second Life and Beyond：From Production to Produsage, New York：Peter Lang, 2008.

［71］Baase,S., A Gift of Fire：Social,Legal and Ethical Issues in Computing and Internet, Upper Saddle River：Pearson Education, 2008.

［72］Barbalet, J. M., Emotion, Social Theory and Social Structure：A Macrosociological Approach, Cambridge：Cambridge University Press, 1998.

［73］Bardoel, J. & Deuze, M., Network Journalism：Converging Competences of Media Professionals and Professionalism, Australian Journalism Review, Vol. 23, No. 2, 2001.

［74］ Barker, C. , *Cultural Studies*：*Theory and Practice*, 2nd ed. , London：Sage, 2003.

［75］ Barnhurst, K. G. & Nerone, J. , *The Form of News*：*A History*, New York：The Guilford Press, 2001.

［76］ Baym, N. , Campbell, S. W. & Horst, H. , et al. , Communication Theory and Research in the Age of New Media：A Conversation from the CM Café, *Communication Monographs*, Vol. 79, No. 2, 2012.

［77］ Beckett, C. & Mansell, R. , Crossing Boundaries：New Media and Networked Journalism, *ICA Communication*, *Culture & Critique*, Vol. 1, No. 1, 2008.

［78］ Ben, M. , *Clubbing*：*Dancing, Ecstasy, Vitality*, London：Routledge, 2002.

［79］ Benkler, Y. , *The Wealth of Networks*, New Haven：Yale University Press, 2006.

［80］ Bennett, A. , Subcultures or Neo-tribes? Rethinking the Relationship Between Youth, Style and Musical Taste, *Sociology*, Vol. 33, No. 3, 1999.

［81］ Bennett, W. L. , Communicating Global Activism：Strengths and Vulnerabilities of Networked Politics, *Information*, *Communication & Society*, Vol. 6, No. 2, 2006.

［82］ Benski, T. , Emotion Maps of Participation in Protest：The Case of Women in Black Against the Occupation in Israel, *Research in Social Movements*, *Conflicts and Change*, Vol. 31, 2011.

［83］ Bernard, J. , Teenage Culture：an Overview, *The Annals of the American Academy of Political and Social Science*, Vol. 338, No. 1, 1961.

［84］ Boczkowski, P. J. , *Digitizing the News*：*Innovation in Online Newspapers*, Cambridge：The MIT Press, 2004.

［85］ Bowman, S. & Willis, C. , We Media：How Audiences Are Shaping the Future of News and Information, http：//www. hypergene. net/wemedia/download/we_media. pdf, 2003.

［86］ Brake, M. , *Comparative Youth Culture*：*The Sociology of Youth Cultures and Youth Subcultures in America*, *Britain and Canada*, London：Routledge and Kegan Paul, 1985.

［87］ Branagan, M. , The Last Laugh：Humour in Community Activism,

Community Development Journal，Vol. 42，No. 4，2007.

［88］Bromley，D. B.，Academic Contributions to Psychological Counselling：I. a Philosophy of Science for the Study of Individual Cases，*Counselling Psychology Quarterly*，Vol. 3，No. 3，1990.

［89］Brow，J.，Notes on Community，Hegemony and the Uses of the Past，*Anthropological Quarterly*，Vol. 63，No. 1，1990.

［90］Brown，G. & Pickerill，J.，Space for Emotion in the Spaces of Activism，*Emotion，Space and Society*，Vol. 2，No. 1，2009.

［91］Brown，G. & Pickerill，J.，Editorial：Activism and Emotional Sustainability，*Emotion，Space and Society*，Vol. 2，No. 1，2009.

［92］Robinson，B.，With a Different Marx：Value and the Contradictions of Web 2. 0 Capitalism，*The Information Society*，Vol. 31，No. 1，2015.

［93］Bruns，A.，*Gatewatching：Collaborative Online News Production*，New York：Peter Lang，2005.

［94］Buechler，S. M.，New Social Movement Theories，*The Sociological Quarterly*，Vol. 36，No. 3，1995.

［95］Butler，J.，*Gender Trouble：Feminism and the Subversion of Identity*，New York：Routledge，1999.

［96］Camfield，D.，The Multitude and the Kangaroo：A Critique of Hardt and Negri's Theory of Immaterial Labour，*Historical Materialism*，Vol. 15，No. 2，2007.

［97］Odgers，C.，Smartphones Are Bad for Some Teens，Not All，*Nature*，Vol. 554，2018.

［98］Castells，M.，*Networks of Outrage and Hope：Social Movements in the Internet Age*，Cambridge，Malden：Polity Press，2012.

［99］Castells，M.，*The Rise of the Network Society*，Oxford：Blackwell Publishers，2000.

［100］Castells，M.，*The Information Age：Economy，Society and Culture*，*Vol. 1，the Rise of the Network Society*，Oxford：Blackwell Publishers，1996.

［101］Castells，M.，*The Information Age：Economy，Society and Culture. Vol. 2，the Power of Identity*，Oxford：Blackwell Publishers，1997.

［102］Castells，M.，*The Power of Identity*，Oxford：Blackwell Publishers，1997.

［103］ Castells, M. , *The Rise of the Network Society*, Oxford: Blackwell Publishers, 2000.

［104］ Castells, M. , *The Rise of the Network Society*, Oxford: Blackwell Publishers, 1996.

［105］ Cerulo, K. A. , Identity Construction: New Issues, New Directions, *Annual Review of Sociology*, Vol. 23, 1997.

［106］ Chadwick, A. , *The Hybrid Media System: Politics and Power*, Oxford: Oxford University Press, 2013.

［107］ Chaney, D. , *Lifestyles*, London: Routledge, 1996.

［108］ Chatterjee, P. , Community in the East, *Economic and Political Weekly*, Vol. 33, No. 6, 1998.

［109］ Chatterjee, P. , Whose Imagined Community?, *Millennium: Journal of International Studies*, Vol. 20, No. 3, 1991.

［110］ Chatterjee, P. , *The Politics of the Governed: Reflections on Popular Politics in Most of the World*, New York: Columbia University Press, 2004.

［111］ Chen, K. H. , Civil Society and Min-jian: On Political Society and Popular Democracy, *Cultural Studies*, Vol. 17, No. 6, 2003.

［112］ Cheong,W. ,*Surveying Macao ICT Indicators*,Macao: Macao Association for Internet Research, 2012.

［113］ Chou, B. , Building National Identity in Hong Kong and Macao, *East Asia Policy*, Vol. 2, No. 2, 2010.

［114］ Chou, K. P. , Interest Group Politics in Macau after Handover, *Journal of Contemporary China*, Vol. 14, No. 43, 2005.

［115］ Fuchs, C. , Dallas Smythe Today—The Audience Commodity, the Digital Labour Debate, Marxist Political Economy and Critical Theory. Prolegomena to a Digital Labour Theory of Value, *Triple C*, Vol. 10, No. 2, 2012.

［116］ Fuchs, C. , Labor in Informational Capitalism and on the Internet, *The Information Society*, Vol. 26, No. 3, 2010.

［117］ Chvasta, M. , Anger, Irony and Protest: Confronting the Issue of Efficacy, Again, *Text and Performance Quarterly*, Vol. 26, No. 1, 2006.

［118］ Clark, L. S. , Cultivating the Media Activist: How Critical Media

Literacy and Critical Service Learning Can Reform Journalism Education, *Journalism*, Vol. 14, No. 7, 2013.

［119］ Cohen, A. , *Delinquent Boys*, New York：Free Press, 1955.

［120］ Cohen, J. , Strategy or Identity：New Theoretical Paradigms and Contemporary Social Movements, *Social Research*, Vol. 52, No. 4, 1985.

［121］ Cohen,P. ,Subcultural Conflict and Working-class Community,*Rethinking the Youth Question*, London：Palgrave, 1997.

［122］ Costanza-Chock, S. , Mic Check! Media Cultures and the Occupy Movement, *Social Movement Studies*, Vol. 11, No. 3/4, 2012.

［123］ Costanza-Chock, S. , *Youth and Social Movements：Key Lessons for Allies*, Cambridge：Born This Way Foundation & Berkman Center for Internet & Society, 2012.

［124］ Couldry, N. , *The Place of Media Power：Pilgrims and Witnesses of the Media Age*, London；New York：Routledge, 2000.

［125］ Crampton, W. , *The Political Mapping of Cyberspace*, Chicago：The University of Chicago Press, 2003.

［126］ Curran, J. & Seaton, J. , *Power Without Responsibility：The Press, Broadcasting and New Media in Britain*, London：Routledge, 2003.

［127］ Dahlberg, L. , The Internet and Democratic Discourse, *Information, Communication and Society*, Vol. 4, No. 4, 2010.

［128］ Dahlgren,P. ,Media Logics in Cyberspace：Repositioning Journalism and Its Publics, *Javnost—The Public*, Vol. 3, No. 3, 1996.

［129］ Schiller, D. , *Digital Capitalism*, Cambridge：MIT Press, 1999.

［130］ Day, G. , *Community and Everyday Life*, London：Routledge, 2006.

［131］ Dean, J. , Communicative Capitalism：Circulation and the Foreclosure of Politics, *Cultural Politics*, Vol. 1, No. 1, 2005.

［132］ Demetriou, C. & Malthaner, S. , eds. , *Dynamics of Political Violence：A Process-Oriented Perspective on Radicalization and the Escalation of Political Conflict*, Farnham：Ashgate, 2014.

［133］ Deuze, M. , ed. , *Managing Media Work*, London：Sage, 2011.

［134］ Deuze, M. & Witschge, T. , Beyond Journalism：Theorizing the

Transformation of Journalism, *Journalism*, Vol. 19, No. 2, 2017.

［135］Deuze, M., The Web and Its Journalism: Considering the Consequences of Different Types of News Media Online, *New Media and Society*, Vol. 5, No. 2, 2003.

［136］Dimiriadis, G., *Performing Identity/Performing Culture*, New York: Peter Lang Publishing Inc., 2009.

［137］Domingo, D., Interactivity in the Daily Routines of Online Newsrooms: Dealing with an Uncomfortable Myth, *Journal of Computer-Mediated Communication*, No. 13, 2008.

［138］Doran, K., Performative Identity in Networked Spaces: Resisting the Logic of Late Capitalism in the Digital Age, http://scholar. colorado. edu/honr_theses/279, 2012.

［139］dos Reis, H., Protest Against "Golden Handshake" Bill Draws Record Crowd, *Macau Post*, May, 2014. *Ming Pao.*, Macao Officials Giving Themselves a Golden Handshake, *Ming Pao*, May, 2014.

［140］Downing, J., *Radical Media: Rebellious Communication and Social Movements*, London: Sage, 2000.

［141］Drucker, P., The Fracturing of LGBT Identities under Neoliberal Capitalism, *Historical Materialism*, Vol. 19, No. 4, 2011.

［142］du Gay, P., Jessica, E. & Peter, R., eds., *Identity: A Reader*, London: Sage, 2000.

［143］Duncombe, S., *Cultural Resistance Reader*, New York: Verso, 2002.

［144］Editorials, Adolescence Science Must Grow up, *Nature*, Vol. 554, 2018.

［145］Comor, E., Revisiting Marx's Value Theory: A Critical Response to Analyses of Digital Prosumption, *The Information Society*, Vol. 31, No. 1, 2015.

［146］Eisenstadt, S. N., Archetypical Patterns of Youth, in Erikson, E. H., eds., *Youth: Change and Challenge*, New York: Basic Books, 1963.

［147］Emirbayer, M. & Goldberg, C., Pragmatism, Bourdieu and Collective Emotions in Contentious Politics, *Theory and Society*, Vol. 34, No. 5, 2005.

［148］Etzioni, A., *The New Golden Rule: Community and Morality in a Democratic Society*, New York: Basic Books, 1998.

［149］Falkheimer, J. & Jansson, A., ed., *Geographies of Communication*：*The Spatial Turn in Media Studies*, Sweden：Nordicom, 2006.

［150］Felle, T., Digital Watchdogs? Data Reporting and the News Media's Traditional "Fourth Estate" Function, *Journalism*, Vol. 17, No. 1, 2016.

［151］Fiske, J., The Cultural Economy of Fandom, in Lewis, L A., eds., *The Adoring Audience*：*Fan Culture and Popular Media*, London：Routledge, 1992.

［152］Flam, H. & King, D., eds., *Emotions and Social Movements*, London；New York：Routledge, 2005.

［153］Flew, T., Democracy, Participation and Convergent Media：Case Studies in Contemporary Online News Journalism in Australia, *Communication*, *Politics & Culture*, Vol. 42, No. 2, 2009.

［154］Fominaya, C. F., *Youth Participation in Contemporary European Social Movements*, Brussels：European Centre for International Affairs, 2012.

［155］Fortunati, L., Taipale, S. & Farinosi, M., Print and Online Newspapers as Material Artefacts, *Journalism*, Vol. 16, No. 6, 2014.

［156］Foucault, M., Of Other Space, *Diacritics*, Vol. 16, No. 1, 1986.

［157］Foucault, M., *The Politics of Truth*, Los Angeles：Semiotext (e), 2007.

［158］Franklin, B., ed., *Local Journalism and Local Media*：*Making the Local News*, London：Routledge, 2005.

［159］Frenzel, F., Feigenbaum, A. & McCurdy, P., Protest Camps：An Emerging Field of Social Movement Research, *Sociological Review*, 2014.

［160］Fuchs, C., Some Reflections on Manuel Castells' Book Networks of Outrage and Hope：Social Movements in the Internet Age, *Triple C*, Vol. 10, No. 2, 2012.

［161］Fuery, K., *New Media*：*Culture and Image*, New York：Palgrave Macmillan, 2009.

［162］Ganesh, S. & Stohl, C., From Wall Street to Wellington：Protests in an Era of Digital Ubiquity, *Communication Monographs*, Vol. 80, No. 4, 2013.

［163］Garde-Hansen, J. & Gorton, K., *Emotion Online*：*Theorizing Affect on the Internet*, London：Palgrave Macmillan UK, 2013.

［164］Garrett, R. K., Protest in an Information Society：A Review of

Literature on Social Movements and New ICTs, *Information*, *Communication & Society*, Vol. 9, No. 2, 2006.

[165] Geertz,C. ,*Local Knowledge: Further Essays in Interpretive Anthropology*, New York: Basic Books, 1983.

[166] Geertz,C. ,*The Interpretation of Culture*,New York:Basic Books, 1973.

[167] Caffentzis, G. , Crystals & Engines, A. : Historical and Conceptual Preliminaries to a New Theory of Machines, *Ephemera: Theory & Politics in Organization*, Vol. 7, No. 1, 2007.

[168] Gerbaudo, P. , *Tweets and the Streets: Social Media and Contemporary Activism*, London: Pluto Press, 2012.

[169] Ghonim, W. , *Revolution 2. 0: The Power of the People Is Greater than the People in Power: A Memoir*, New York: Houghton Mifflin Harcourt, 2012.

[170] Giddens,A. ,*Modernity and Self-identity*,Cambridge:Polity Press, 1991.

[171] Gillis, J. , Memory and Identity: The History of a Relationship, in Gillis, J. , eds. , *Commemorations: The Politics of National Identity*, Princeton: Princeton University Press, 1994.

[172] Gillmor, D. , *We the Media: Grassroots Journalism by the People*, *for the People*, Sebastopol: O'Reilly, 2006.

[173] Gitelman, L. , *Always Already New Media*, *History*, *and the Data of Culture*, Cambridge: MIT Press, 2006.

[174] Gitlin, T. , *The Whole World Is Watching: Mass Media in the Making and Unmaking of the New Left*, Berkeley: The University of California Press, 1980.

[175] Goffman, E. , *Interaction Ritual*, Garden City: Doubleday, 1967.

[176] Goffman, E. , *The Presentation of Self in Everyday Life*, New York: Doubleday, 1959.

[177] Goggin,G. ,Adapting the Mobile Phone:The iPhone and its Consumption, *Continuum*, Vol. 23, No. 2, 2009.

[178] Goggin, G. , Assembling Media Culture: The Case of Mobiles, *Journal of Cultural Economy*, Vol. 2, No. 1 - 2, 2009.

[179] Goggin, G. , *Cell Phone Culture: Mobile Technology in Everyday Life*, London: Routledge, 2006.

［180］ Goggin，G. ，Martin，F. & Dwyer，T. ，Locative News：Mobile Media，Place Informatics and Digital News，*Journalism Studies*，Vol. 16，No. 1，2015.

［181］ Gong，H. M. & Yang，X. ，Digitized Parody：The Politics of E Gao in Contemporary China，*China Information*，Vol. 24，No. 1，2010.

［182］ Goodwin，J. ，The Libidinal Constitution of a High-risk Social Movement：Affectual Ties and Solidarity in the Huk Rebellion，1946 to 1954，*American Sociological Review*，Vol. 62，No. 1，1997.

［183］ Goodwin，J. & Jasper，J. M. ，Emotions and Social Movements，in Stets，J. E. & Turner，J. H. ，eds. ，*Handbook of the Sociology of Emotions*，New York：Springer，2006.

［184］ Goodwin，J. & Jasper，J. M. ，Caught in a Winding，Snarling Vine：The Structural Bias of Political Process Theory，*Sociological Forum*，Vol. 14，No. 1，1999.

［185］ Goodwin，J. ，Jasper，J. M. & Polletta，F. ，eds. ，*Passionate Politics：Emotions and Social Movements*，Chicago：The University of Chicago Press，2001.

［186］ Gould，D. B. ，*Moving Politics. Emotion and Act UP's Fight Against Aids*，Chicago：The University of Chicago Press，2009.

［187］ Gove，W. R. ，*The Labelling of Deviance：Evaluating a Perspective*，Hoboken：John Wiley & Sons，1975.

［188］ Graeber，D. ，*Inside Occupy*，Frankfurt & New York：Campus，2012.

［189］ Gray，M. ，*Out in the Country：Youth，Media and Queer Visibility in Rural America*，New York：New York University Press，2009.

［190］ Gruszczynska，A. ，"I Was Mad About It All，About the Ban"：Emotional Spaces of Solidarity in the Poznan March of Equality，*Emotion*，*Space and Society*，Vol. 2，No. 1，2009.

［191］ Gurak，L. J. ，*Persuasion and Privacy in Cyberspace：The Online Protests over Lotus Marketplace and the Clipper Chip*，New Haven：Yale University Press，1997.

［192］ Gurr，T. ，*Why Men Rebe*，Princeton：Princeton University Press，1970.

［193］ Hall，G. S. ，*Adolescence：Its Psychology and Its Relations to Physiology，Anthropology，Sociology，Sex，Crime，Religion and Education*，Vol. 2，New York：

D. Appleton, 1916.

[194] Hall, S. & Jefferson, T. , eds. , *Resistance Through Rituals*: *Youth Subcultures in Post-war Britain*, Vol. 7, London: Psychology Press, 1993.

[195] Hall, S. , Cultural Identity and Diaspora, in Rutherford, J. , ed. , *Identity*: *Community*, *Culture*, *Difference*, London: Lawrence and Wishart, 1990.

[196] Hall, S. , Introduction: Who Needs Identity? in Hall, S. & du Gay, P. , eds. , *Questions of Cultural Identity*, London: Sage, 1996.

[197] Hall, S. , The Question of Cultural Identity, in Hall, S. , Held, D. & McGrew, A. , eds. , *Modernity and Its Futures*, London: Polity Press, 1992.

[198] Hamilakis, Y. , Cyberspace/Cyberpast/Cybernation: Constructing Hellenism in Hyperreality, *European Journal of Archaeology*, Vol. 3, No. 2, 2000.

[199] Hampton, K. N. , Grieving for a Lost Network: Collective Action in a Wired Suburb, *The Information Society*, Vol. 19, No. 5, 2003.

[200] Hands, J. , @ *Is for Activism*: *Dissent*, *Resistance and Rebellion in a Digital Culture*, London: Pluto Press, 2011.

[201] Hardt, M. & Negri, A. *Declaration*. Allen: Argo-Navis, 2012.

[202] Hardt, M. & Negri, A. , *Empire*, New York: Harvard University Press, 2000.

[203] Hardt, M. & Negri, A. , *Multitude*: *War and Democracy in the Age of Empire*, London: Penguin, 2005.

[204] Hardt, M. , Affective Labor, *Boundary 2* , Vol. 26, No. 2, 1999.

[205] Harlow, S. , Social Media and Social Movements: Facebook and an Online Guatemalan Justice Movement that Moved Offline, *New Media & Society*, Vol. 14, No. 2, 2012.

[206] Harold, C. , Pranking Rhetoric: "Culture Jamming" as Media Activism, *Critical Studies in Media Communication*, Vol. 21, No. 3, 2004.

[207] Hartley, J. , Journalism as a Human Right: The Cultural Approach to Journalism, in Loffelholz, M. & Weaver, D. , eds. , *Global Journalism Research*: *Theories*, *Methods*, *Findings*, *Future*, New York: Peter Lang, 2008.

[208] Hebdige, D. , *Subculture*: *The Meaning of Style*, London: Routledge, 1979.

[209] Helland, C. , Diaspora on the Electronic Frontier: Developing Virtual

Connections with Sacred Homelands, *Journal of Computer-mediated Communication*, Vol. 12, 2007.

[210] Henderson, V. L., Is there Hope for Anger? The Politics of Spatializing and (Re) Producing an Emotion, *Emotion, Space and Society*, Vol. 1, No. 1, 2008.

[211] Higgins, M., Putting the Nation in the News: The Role of Location Formulation in a Selection of Scottish Newspapers, *Discourse & Society*, Vol. 15, No. 5, 2004.

[212] Hoggart, R., *The Uses of Literacy: Aspects of Working-class Life, with Special References to Publications and Entertainments*, London: Chatto and Windus, 1967.

[213] Holmes, D., *Communication Theory: Media, Technology and Society*, Thousand Oaks: Sage, 2005.

[214] Horton, J. & Kraftl, P., Small Acts, Kind Words and "not too much Fuss": Implicit Activisms, *Emotion, Space and Society*, Vol. 2, No. 1, 2009.

[215] Becker, H., *Outsiders: Studies in the Sociology of Deviance*, New York: Macmillan, 1963.

[216] Howarth, D. R. & Stavrakakis, Y., Introducing Discourse Theory and Political Analysis, in Howarth, D. R., Norval, A. J. & Stavrakakis Manchester, Y., eds., *Discourse Theory and Political Analysis: Identities, Hegemonies and Social Change*, New York: Manchester University Press, 2000.

[217] Hutnyk, J., *Critique of Exotica: Music, Politics and the Culture Industry*, London: Pluto Press, 2000.

[218] Hyde, G., Independent Media Centers: Subversion and the Alternative Press, *First Monday*, Vol. 7, 2002.

[219] Ibrus, I., Evolutionary Dynamics of the Mobile Web, in Hartley, J., Burgess, J. & Bruns, A., eds., *A Companion to New Media Dynamics*, Malden: Wiley-Blackwell, 2013.

[220] Itzigsohn, J. & vom Hau, M., Unfinished Imagined Communities: States, Social Movements and Nationalism in Latin America, *Theory and Society*, Vol. 35, No. 2, 2006.

[221] Jansen, T., Finger, M. & Wildemeersch, D., Reframing Reflectivity

in View of Adult Education for Social Responsibility: Reconciling the Irreconcilable, in Wildermeersch, D. , Finger, M. & Jansen, T. , eds. , *Adult Education and Social Responsibility*, Europaischer Verlag der Wissenschafted: Peter Lang, 1998.

[222] Jasper, J. M. , The Emotions of Protest: Affective and Reactive Emotions in and Around Social Movements, *Sociological Forum*, Vol. 13, No. 3, 1998.

[223] Javeline, D. , The Role of Blame in Collective Action: Evidence from Russia, *American Political Science Review*, Vol. 97, No. 1, 2003.

[224] Jenkins, H. , *Convergence Culture: Where Old and New Media Collide*, New York: New York University Press, 2006.

[225] Gillis, J. R. , *Youth and History: Tradition and Change in European Age Relations*, 1770-*Present*, New York: Academic Press, 1981.

[226] Johnston, H. , *The Mechanisms of Emotion in Violent Protest*, in Bosi, L. , *Dynamics of Political Violence*, London: Routledge, 2014.

[227] Jordan, G. & Weedon, C. , *Cultural Politics: Class, Gender, Race and the Postmodern World*, Oxford: Blackwell Publishers, 1995.

[228] Jordan, J. , The Art of Necessity: The Subversive Imagination of Anti-road Protest and Reclaim the Streets, in Mckay's, G. , ed. , *DIY Culture: Party and Protest in Nineties Britain*, London; New York: Verso, 1998.

[229] Kücklich, J. , Precarious Playbour: Modders and the Digital Games Industry, *The Fibreculture Journal*, Vol. 5, http://www. journal. fibreculture. org/issue5/kucklich. html,2005.

[230] Juris, J. , Performing Politics: Image, Embodiment and Affective Solidarity During Anti-corporate Globalization Protests, *Ethnography*, Vol. 9, No. 1, 2008.

[231] Juris, J. , *Networking Futures: The Movements Against Corporate Globalization*, Durham: Duke University Press, 2008.

[232] Juris, J. S. , Reflections on Occupy Everywhere: Social Media, Public Space and Emerging Logics of Aggregation, *American Ethnologist*, Vol. 39, No. 2, 2012.

[233] Kaeding, M. P. , The Evolution of Macao's Identity: Toward Ethno-cultural and Civic-based Development, *Journal of Comparative Asian Development*,

Vol. 9, No. 1, 2010.

［234］Karpf, D. , *The Move on Effect: The Unexpected Transformation of American Political Advocacy*, Oxford: Oxford University Press, 2012.

［235］Kaufhold, K. , Valenzuela, S. & De Zúniga, H. G. , Citizen Journalism and Democracy: How User-Generated News Use Relates to Political Knowledge and Participation, *Journalism & Mass Communication Quarterly*, Vol. 87, No. 3 – 4, 2010.

［236］Kayahara, J. , Community and Communication: A Rounded Perspective, in Purcell, P. , ed. , *Networked Neighborhoods the Connected Community in Context*, London: Springer, 2006.

［237］Kellner, D. , Media Spectacle, Insurrection and the Crisis of Neoliberalism from the Arab Uprisings to Occupy Everywhere！, *International Studies in Sociology of Education*, Vol. 23, No. 3, 2013.

［238］Gelder, K. & Thornton S. , *The Subcultures Reader*, London & New York: Routledge, 1997.

［239］Smith K. , Sex and Drugs and Self-control: How the Teen Brain Navigates Risk, *Nature*, Vol. 554, 2018.

［240］Hetherington, K. , *Expressions of Identity: Space, Performance, Politics*, London: Sage, 1998.

［241］Khamis, S. , Gold, P. B. & Vaughn, K. , Beyond Egypt's "Facebook Revolution" and Syria's "YouTube Uprising": Comparing Political Contexts, Actors and Communication Strategies, *Arab Media & Society*, Vol. 15, 2012.

［242］Klandermans, B. , *The Social Psychology of Protest*, Oxford: Blackwell, 1997.

［243］Kleres, J. & Wettergren, Â. , Fear, Hope, Anger and Guilt in Climate Activism, *Social Movement Studies*, Vol. 16, No. 5, 2017.

［244］Krinsky, J. & Crossley, N. , Social Movements and Social Networks: Introduction, *Social Movement Studies*, Vol. 13, No. 1, 2014.

［245］Krips, H. , The Politics of Badiou: From Absolute Singularity to Objet-a, Paper Presented at the Meeting of the Claremont Graduate University, Claremont: December, 2007.

［246］Carls, K. , Affective Labour in Milanese Large Scale Retailing: Labour

Control and Employees' Coping Strategies, *Ephemera: Theory & Politics in Organization*, Vol. 7, No. 1, 2007.

[247] Kurplus, D., Metzgar, E. T. & Rowley, K. M., Sustaining Hyperlocal Media: In Search of Funding Models, *Journalism Studies*, Vol. 11, No. 3, 2010.

[248] Kwong, Y. H., Protests Against the Welfare Package for Chief Executives and Principal Officials: Macau's Political Awakening, *China Perspective*, Vol. 4, 2014.

[249] Laclau, E., *On Populist Reason*, New York: Verso, 2005.

[250] Lam, W., Promoting Hybridity: The Politics of the New Macau Identity, *The China Quarterly*, Vol. 203, 2010.

[251] Lambert-Beatty, C., Fill in the Blank: Culture Jamming and the Advertising of Agency, *New Directions for Youth Development*, Vol. 125, 2010.

[252] Lamont, M., *Money, Morals and Manners: The Culture of the French and American Upper-middle Classes*, Chicago: The University of Chicago Press, 1992.

[253] Lazzarato, M., From Capital-Labour to Capital-Life, *Ephemera*, Vol. 4, No. 3, 2004.

[254] Leadbeater, C., *We-Think: Mass Innovation, Not Mass Production*, London: Profile, 2008.

[255] Lee, F. & Chan, J., *Media, Social Mobilization and Mass Protests in Post-colonial Hong Kong*, London: Routledge, 2011.

[256] Leong, L. I., 100 Million Yuan Donation to Jinan University Causes Mixed Reaction, *Macau Post*, May 9, 2016.

[257] Lessig, L., *The Future of Ideas*, New York: Random House, 2001.

[258] Lievrouw, L. A. & Livingstone, S., eds., *The Handbook of New Media: Social Shaping and Social Consequences of ICT*, London: Sage, 2006.

[259] Lim, M., Clicks, Cabs and Coffee Houses: Social Media and Oppositional Movements in Egypt, 2004—2011, *Journal of Communication*, Vol. 62, No. 2, 2012.

[260] Lin, Z., Contextualized Transmedia Mobilization: Media Practices and Mobilizing Structures in the Umbrella Movement, *International Journal of Communication*, Vol. 11, 2017.

[261] Lin, Z., Learning to Labour 2.0: How Macau Internet Users Become Immaterial and Affective Labourers, *Asiascape: Digital Asia*, Vol. 3, No. 3, 2016.

［262］ Liu, S. D. , Casino Colony, *New Left Review*, Vol. 50 , 2008.

［263］ Liu, S. D. , The Cyberpolitics of the Governed, *Inter-Asia Cultural Studies*, Vol. 14 , No. 2 , 2013.

［264］ Lomnitz, C. , *Deep Mexico Silent Mexico*, Minneapolis：University of Minnesota Press, 2001.

［265］ Lou, S. W. , Multi-categories and Pan-functions：The Diversified Development and Question Analysis of Macau Associations, in Wu, Z. L. & Hao, Y. F. , eds. , *Annual Report on Economy and Society of Macau*, Beijing：Social Science Academic Press, 2013.

［266］ Lum, C. M. K. , A Brief Academic History of Media Ecology in North America, *China Media Report*, No. 2 , 2003.

［267］ Lum, C. M. K. , *Perspective on Culture*, *Technology and Communication*： *The Media Ecology Tradition*, New York：Hampton Press, 2006.

［268］ Maffesoli, M. , *The Time of the Tribes*：*The Decline of Individualism in Mass Society*, London：Sage, 1996.

［269］ Mallon, F. , *Peasant and Nation*：*The Making of Postcolonial Mexico and Peru*, Berkeley：The University of California Press, 1995.

［270］ Malter, R. , Global Indymedia " Open Publishing " ＊ Proposal ＊ , *Indymedia*, http：//lists. indymedia. org, 2001.

［271］ Manovich, L. , *The Language of New Media*, Cambridge：MIT Press, 2001.

［272］ Marcus, G. E. , Neuman, W. R. & MacKuen, M. B. , *Affective Intelligence and Political Judgment*, Chicago：The University of Chicago Press, 2002.

［273］ Andrejevic, M. , Personal Data：Blind Spot of the " Affective Law of Value"?, *The Information Society*, Vol. 31 , No. 1 , 2015.

［274］ Martin, F. & Wilson, H. , Beyond the ABC's Backyard：Radio, the Web and Australian Regional Space, *Convergence*, Vol. 8 , No. 1 , 2002.

［275］ Mattoni, A. & Treré, E. , Media Practices, Mediation Processes and Mediatization in the Study of Social Movements, *Communication Theory*, Vol. 24 , No. 3 , 2014.

［276］ Maude, F. , *Open Data White Paper*：*Unleashing the Potential*, London：

House of Commons, 2012.

［277］Lazzarato, M., Immaterial Labor, in Michael, H. & Paolo, V., eds., Colilli, P. & Emery, E., trans., *Radical Thought in Italy: A Potential Politics*, Minneapolis & London: The University of Minnesota Press, 1996.

［278］McAdam, D., *Political Process and the Development of Black Insurgency*, 1930—1970, Chicago: The University of Chicago Press, 1982.

［279］McCabe, G., Imagining Community, *New Blackfriars*, Vol. 93, No. 1047, 2011.

［280］McCall, G. J., *Identities and Interactions: An Examination of Human Associations in Everyday Life*, New York: The Free Press, 1978.

［281］McChesney, R., *Communication Revolution: Critical Junctures and the Future of Media*, New York: The New Press, 2007.

［282］McLuhan, M., *Understanding Media*, New York: McGraw Hill, 1964.

［283］McNair, B., *Cultural Chaos: Journalism, News and Power in a Globalised World*, London: Routledge, 2006.

［284］McRobbie, A., *Feminism and Youth Culture*, New York: Routledge, 2000.

［285］Zajc, M., The Social Media Dispositive and Monetization of User-Generated Content, *The Information Society*, Vol. 31, No. 1, 2015.

［286］Melucci, A., *Challenging Codes: Collective Action in the Information Age*, Cambridge: Cambridge University Press, 1996.

［287］Melucci, A., *Nomads of the Protest: Social Movements and Individual Needs in Contemporary Society*, Philadelphia: Temple University Press, 1989.

［288］Mercea, D., Digital Prefigurative Participation: The Entwinement of Online Communication and Offline Participation in Protest Events, *New Media & Society*, Vol. 14, No. 1, 2011.

［289］Merriam, S., *Qualitative Research and Case Study Applications in Education*, San Francisco: Jossey-Bass Publishers, 1998.

［290］Miles, S., Towards an Understanding of the Relationship Between Youth Identities and Consumer Culture, *Youth and Policy*, Vol. 51, 1995.

［291］Miller, D. & Sinanan, J., *Webcam*, Cambridge: Polity Press, 2014.

［292］Miller, T., Can Natural Luddites Make Things Explode or Travel Faster?

The New Humanities, Cultural Policy Studies and Creative Industries, in Holt, J. & Perren, A., eds., *Media Industries: History, Theory and Method*, Malden: Wiley-Blackwell, 2009.

[293] Miller, W. B., Lower Class Culture as a Generating Milieu of Gang Delinquency, *Journal of Social Issues*, Vo. 14, No. 3, 1958.

[294] Mills, J., Egglestone, P. & Rashid, O., et al., MoJo in Action: The Use of Mobiles in Conflict Community and Cross-Platform Journalism, *Continuum*, Vol. 26, No. 5, 2012.

[295] Macau Officals Giving Themselves a Golden Handshake, *Ming Pou*, May 28, 2014, D08.

[296] Morozov, E., *The Net Delusion. How not to Liberate the World*, London: Allen Lane, 2010.

[297] Mosco, V., The Future of Journalism, *Journalism: Theory, Practice and Criticism*, Vol. 10, No. 3, 2009.

[298] Muggleton, D. & Weinzierl, R., *The Post-subcultures Reader*, Oxford & New York: Berg Publishers, 2003.

[299] Muggleton, D., *Inside Subculture*, Oxford & New York: Berg Publishers, 2000.

[300] Nakamura, L., *Cybertypes: Race, Ethnicity and Identity on the Internet*, New York: Routledge, 2002.

[301] Nayar, P. K., *An Introduction to New Media and Cyberculture*, Malden: Wiley-Blackwell, 2010.

[302] Negri, A., Value and Affect, *Boundary 2*, Vol. 26, No. 2, 1999.

[303] Ngai, G. M. C., Macau's Identity: The Need for Its Preservation and Development into the Next Century, *Portuguese Studies Review*, Vol. 2, No. Spring-Summer, 1999.

[304] Negroponte, N., *Being Digital*, New York: Knopf, 1995.

[305] Dyer-Witheford, N. & de Peuter, G., *Games of Empire: Global Capitalism and Video Games*, Minneapolis: The University of Minnesota Press, 2009.

[306] Dyer-Witheford, N., For a Compositional Analysis of the Multitude, in Bonefeld, W., ed., *Subverting the Present, Imagining the Future: Class, Struggle,*

Commons, Brooklyn: Autonomedia, 2009.

[307] Nielsen, R. K. , *Local Journalism: The Decline of Newspapers and the Rise of Digital Media*, London: IB Tauris, 2015.

[308] Nystrom, C. , *Towards a Science of Media Ecology: The Formulation of Integrated Conceptual Paradigms for the Study of Human Communication Systems*, New York: New York University, 1973.

[309] O'Murchu, C. , An Essential Part of the Journalist's Toolkit, in Gray, J. , Bounegru, L. & Chambers, L. , eds. , *The Data Journalism Handbook*, Sebastopol: O'Reilly Media, 2012.

[310] Øie, K. V. , Location Sensitivity in Locative Journalism: An Empirical Study of Experiences While Producing Locative Journalism, *Continuum*, Vol. 27, No. 4, 2013.

[311] Øie, K. V. , News Narratives in Locative Journalism—Rethinking News for the Mobile Phone, *Journal of Media Practice*, Vol. 16, No. 3, 2015.

[312] Virno, P. , General Intellect, *Historical Materialism*, Vol. 15, No. 3, 2007.

[313] Virno, P. , *A Grammar of the Multitude: For an Analysis of Contemporary Forms of Life*, New York: Semiotext (e), 2004.

[314] Papacharissi, Z. *Affective Publics: Sentiment, Technology and Politics*, Oxford: Oxford University Press, 2015.

[315] Parmelee, J. H. & Bichard, S. L. , *Politics and the Twitter Revolution: How Tweets Influence the Relationship Between Political Leaders and the Public*, Lanham: Lexington Books, 2011.

[316] Parsons, T. , Age and Sex in the Social Structure of the United States, in Parsons, T. , ed. , *Essays in Sociological Theory*, New York: Free Press, 1954.

[317] Pavlik, J. , *Journalism and New Media*, New York: Columbia University Press, 2001.

[318] Penney, J. & Dadas, C. , (Re) Tweeting in the Service of Protest: Digital Composition and Circulation in the Occupy Wall Street Movement, *New Media & Society*, Vol. 16, No. 1, 2014.

[319] Pentecost, K. , Imagined Communities in Cyberspace, *Social Alternatives*, Vol. 30, No. 2, 2011.

［320］ Peters, C. , Journalism to Go: The Changing Spaces of News Consumption, *Journalism Studies*, Vol. 13, No. 5 - 6, 2012.

［321］ Petersen, R. D. , *Understanding Ethnic Violence: Fear, Hatred and Resentment in Twentieth-Century Eastern Europe*, Cambridge: Cambridge University Press, 2002.

［322］ Ariès, P. , *Centuries of Childhood: A Social History of Family Life*, *Translated from French by Robert Baldick*, New York: Random House Inc. , 1962.

［323］ Pickerill, J. & Krinsky, J. , Why Does Occupy Matter?, *Social Movement Studies*, Vol. 11, No. 3/4, 2012.

［324］ Piven, F. F. & Cloward, R. A. , *Poor People's Movements: Why They Succeed, How They Fail*, New York: Vintage Books, 1979.

［325］ Platon, S. & Deuze, M. , Indymedia Journalism: A Radical Way of Making Selecting and Sharing News?, *Journalism*, Vol. 4, No. 3, 2003.

［326］ Poster, M. , *What's the Matter with the Internet?*, Minneapolis: The University of Minnesota Press, 2001.

［327］ Postman, N. , The Reformed English Curriculum, in Eurich, A. C. , ed. , *High School 1980: The Shape of the Future in American Secondary Education*, New York: Pitman, 1970.

［328］ Postman, N. , *The Humanism of Media Ecology: Paper Presented at the Conference of the Inaugural Media Ecology Association Convention*, New York: Fordham University, 2000.

［329］ Postmes, T. , Haslam, S. A. & Swaab, R. I. , Social Identity and Social Influence in Small Groups: Communication, Consensualization and Socially Shared Cognition, *European Review of Social Psychology*, Vol. 16, 2005.

［330］ Pullen, C. & Cooper, M. , *LGBT Identity and Online New Media*, New York: Routledge, 2010.

［331］ Pullen, C. , ed. , *Introduction to LGBT Transnational Identity and the Media*, New York: Palgrave Macmillan, 2012.

［332］ Ramos, A. G. , Performing Identity: The Politics of Culture in Contemporary Puerto Rico, *Pouviors dans la Caribe*, Vol. 14, 2004.

［333］ Rauhala, E. & Beech, H. , Voice of a Generation, *Time*, Vol. 184, No. 15.

参考文献

$\bullet\bullet\;\bullet\;\bullet\bullet\bullet$

［334］ Readhead, S., *From Subcultures to Clubcultures*：*An Introduction to Popular Cultural Studies*, Oxford：Blackwell, 1997.

［335］ Robards, B. & Bennett, A., My Tribe, Post-Subcultural Manifestations of Belonging on Social Network Sites, *Sociology*, Vol. 45, No. 2, 2011.

［336］ Blum, R. & Boyden, J., Understand the Lives of Youth in Low-income Countries, *Nature*, Vol. 554, 2018.

［337］ Robins, K. & Webster, F., *Times of the Technoculture*：*From the Information Society to the Virtual Life*, New York：Routledge, 1999.

［338］ Rodriguez, C., *Fissures in the Mediascape*：*An International Study of Citizens' Media*, Cresskill：Hampton, 2001.

［339］ Rosen, J., A Most Useful Definition of Citizen Journalism, Press Think http://archive. pressthink. org/2008/07/14/a_ most_ useful_ d. html,2008.

［340］ Russell, A., *Journalism as Activism*：*Recoding Media Power*, Hoboken：John Wiley & Sons, 2017.

［341］ Sautede, E., Macao Spring's White-T-shirt Movement, in Sou, K. H., ed., *Withdraw*！*Do You Still Remember?*, Hong Kong：Joint Publishing HK, 2015.

［342］ Scheff, T. J., *Microsociology*：*Discourse, Emotion and Social Structure*, Chicago：The University of Chicago Press, 1994.

［343］ Schiller, D., *Digital Capitalism*, Cambridge：MIT Press, 1999.

［344］ Schrøder, K. C., News Media Old and New, *Journalism Studies*, Vol. 16, No. 1, 2014.

［345］ Scolari, C. A., Mapping Conversations about New Media：The Theoretical Field of Digital Communication, *New Media & Society*, No. 11, 2009.

［346］ Scolari, C. A., Media Ecology：Exploring the Metaphor to Expand the Theory, *Communication Theory*, Vol. 22, No. 2, 2012.

［347］ Scott, A. & Street, J., From Media Politics to E-Protest, *Information, Communication & Society*, Vol. 3, No. 2, 2000.

［348］ Scott, A., *Ideology and the New Social Movements*, London：Unwin Hyman, 1990.

［349］ Scott, B., A Contemporary History of Digital Journalism, *Television and New Media*, Vol. 6, No. 1, 2005.

［350］ Shirky, C. , *Here Comes Everybody*：*The Power of Organizing Without Organizations*, New York：Allen Lane, 2008.

［351］ Skinner, J. , *The Interview*：*An Ethnographic Approach*, Oxford：Berg, 2012.

［352］ Smelser, N. J. , *Theory of Collective Behavior*, New York：Free Press, 1962.

［353］ Smith, C. , *Resisting Reagan*：*The Central America Peace Movement*, Chicago：The University of Chicago Press, 1996.

［354］ South China Morning Post, Concern at Legal Aid Plan for Macau Officials, https://www. scmp. com/article/722863/concern-legal-aid-plan-macau-officials ,2010.

［355］ Stake, R. E. , Case Studies, in Denzin, N. & Lincoln, Y. , eds. , *Handbook of Qualitative Research*, Thousand Oaks：Sage, 2000.

［356］ Straw, W. , Systems of Articulation, Logics of Change：Communities and Scenes in Popular Music, *Cultural Studies*, Vol. 5, No. 3, 1991.

［357］ Summers-Effler, E. , The Micro Potential for Social Change：Emotion, Consciousness and Social Movement Formation, *Sociological Theory*, Vol. 20, No. 1, 2002.

［358］ Tan, K. J. , Secondary School History Curricula, in Bray, M. , & Koo, R. , eds. , *Education and Society in Hong Kong and Macau*：*Comparative Perspectives on Continuity and Change*, Hong Kong：Comparative Education Research Centre, The University of Hong Kong, 1999.

［359］ Tang, G. , Mobilization by Images：TV Screen and Mediated Instant Grievances in the Umbrella Movement, *Chinese Journal of Communication*, Vol. 8, 2015.

［360］ Tang,K. – C. & Bray,M. ,Colonial Models and the Evolution of Education Systems：Centralization and Decentralization in Hong Kong and Macau, *Journal of Education Administration*, Vol. 38, No. 5, 2000.

［361］ Tayebi, A. , "Communihood"：A Less Formal or More Local Form of Community in the Age of the Internet, *Journal of Urban Technology*, Vol. 20, No. 2, 2013.

［362］ Terranova, T. , *Network Culture*, London & Ann Arbor：Pluto Press, 2004.

［363］ The Statistics Portal, Global Internet Penetration Rate from 2009 to 2016, https://www. statista. com/statistics/265149/internet-penetration-rate-by-region/ , 2017.

［364］ Theodorelis-Rigas, H. , From "Imagined" to "Virtual Communities"：Greek-Turkish Encounters in Cyberspace, *Studies in Ethnicity and Nationalism*,

Vol. 13, No. 1, 2013.

［365］Thomas, W. I. & Znaniecki, F. , *The Polish Peasant in Europe and America*: *Monograph of an Immigrant Group*, Vol. 2, Chicago: The University of Chicago Press, 1918.

［366］Thompson, J. B. , *The Media and Modernity*: *A Social Theory of the Media*, Oxford: Polity Press, 1995.

［367］Thornham, H. & Cruz, E. G. , ［Im］Mobility in the Age of ［im］Mobile Phones: Young NEETs and Digital Practices, *New Media & Society*, Vol. 19, No. 11, 2017.

［368］Thornton, S. , *Club Cultures*: *Music, Media and Subcultural Capital*, Middletown: Wesleyan University Press, 1996.

［369］Thurner, M. , *From Two Republics to One Divided*, Durham: Duke University Press, 1997.

［370］Tilly, C. , *Contentious Performances*, New York: Cambridge University Press, 2008.

［371］Tönnies, F. , Community and Society, in Lin, J. & Mele, C. , eds. , *The Urban Sociology Reader*, London & New York: Routledge, 2005.

［372］Touraine, A. , *The May Movement*: *Revolt and Reform*, New York: Random House, 1971.

［373］Tremayne, M. , Anatomy of Protest in the Digital Era: A Network Analysis of Twitter and Occupy Wall Street, *Social Movement Studies*, Vol. 13, No. 1, 2014.

［374］Tufekci, Z. & Wilson, C. , Social Media and the Decision to Participate in Political Protest: Observations from Tahrir Square, *Journal of Communication*, Vol. 62, No. 2, 2012.

［375］Tufekci, Z. , *Twitter and Tear Gas*: *The Power and Fragility of Networked Protest*, Princeton: Yale University Press, 2017.

［376］Tumber, H. , Democracy in the Information Age: The Role of the Fourth Estate in Cyberspace, *Information, Communication & Society*, Vol. 4, No. 1, 2001.

［377］Turner, J. H. , *Human Emotions*: *A Sociological Theory*, London: Routledge, 2007.

［378］Ullock, C. J. , Imagining Community: A Metaphysics of Being or

Becoming?, *Millennium*: *Journal of International Studies*, Vol. 25, No. 2, 1996.

［379］ Väätäjä, H. , Mobile Work Efficiency: Balancing Between Benefits, Costs and Sacrifices, *International Journal of Mobile Human Computer Interaction*, Vol. 4, No. 2, 2012.

［380］ Vakenburg, P. M. & Peter, J. , Adolescents' Identity Experiments on the Internet: Consequences for Social Competence and Self-concept Unity, *Communication Research*, Vol. 35, No. 2, 2008.

［381］ Van der Haak, B. , Parks, M. & Castells, M. , The Future of Journalism: Networked Journalism, *International Journal of Communication*, No. 6, 2012.

［382］ Van der Wurff, R. & Lauf, E. , eds. , *Print and Online Newspapers in Europe*: *A Comparative Analysis in 16 Countries*, Amsterdam: Het Spinhuis, 2005.

［383］ Van Laer, J. & Van Aelst, P. , Internet and Social Movement Action Repertoires, *Information Communication & Society*, Vol. 13, No. 8, 2010.

［384］ Mosco, V. , *The Political Economy of Communication*, 2nd ed. , Thousand Oaks: Sage, 2009.

［385］ Wang, H. & Hung, E. , Associational Participation and Political Involvement in Macau: A Path Analysis, *Issues & Studies*, Vol. 48, No. 1, 2012.

［386］ Warner, J. , Political Culture Jamming: The Dissident Humor of the Daily Show with Jon Stewar, *Popular Communication*, Vol. 5, 2007.

［387］ Watkins, J. , Hjorth, L. & Koskinen, I. , Wising Up: Revising Mobile Media in an Age of Smartphones, *Continuum*, Vol. 26, No. 5, 2012.

［388］ Weaver, R. , How a 52-Year Old Word Invented by a Vogue Editor Became 2017's Word of the Year, https://www. vanityfair. com/style/2017/12/youthquake-is-oxford-dictionary-word-of-the-year, December 15, 2017.

［389］ Weber, M. , *Economy and Society*, Berkeley: The University of California Press, 1978.

［390］ Weeks, J. , The Value of Difference, in Rutherford, J. , ed. , *Identity*: *Community, Culture, Difference*, London: Lawrence & Wishart, 1990.

［391］ Wellman, B. , The Reconstruction of Space and Time: Mobile Communication Practices, *Contemporary Sociology*: *A Journal of Reviews*, Vol. 39, No. 2, 2010.

［392］Westlund, O. & Bjur, J. , Media Life of the Young, *Young*, Vol. 22, No. 1, 2014.

［393］Westlund, O. , Mobile News, *Digital Journalism*, Vol. 1, No. 1, 2012.

［394］Wettergren, Â. , Fun and Laughter: Culture Jamming and the Emotional Regime of Late Capitalism, *Social Movement Studies*, Vol. 8, No. 1, 2009.

［395］Whittier, N. , Emotional Strategies: The Collective Reconstruction and Display of Oppositional Emotions in the Movement Against Child Sexual Abuse, in Goodwin, J. Jasper, J. M. & Polletta, F. , eds. , *Passionate Politics: Emotions and Social Movements*, Chicago: The University of Chicago Press, 2001.

［396］Whyte, Foote, W. , *Street Corner Society: The Social Structure of an Italian Slum*, Chicago: The University of Chicago Press, 1943.

［397］Wilken, R. , Locative Media: From Specialized Preoccupation to Mainstream Fascination, *Convergence*, Vol. 18, No. 3, 2012.

［398］Willis, P. , *Common Culture*, Milton Keynes: Open University Press, 1990.

［399］Willis, P. , *Learning to Labor: How Working Class Kids Get Working Class Jobs*, New York: Columbia University Press, 1977.

［400］Willis, P. , *Profane Culture: Updated Edition*, Princeton: Princeton University Press, 2014.

［401］Witschge, T. , Anderson, C. W. & Domingo, D. , eds. , *The Sage Handbook of Digital Journalism*, Thousand Oaks: Sage, 2016.

［402］Yee, H. , Lou, S. & Chan, C. W. , *Longitudinal Research on the Political Culture of Macau*, Hong Kong: Joint Publishing (HK) Co. Ltd. , 2011.

［403］Yee, H. , *Macau in Transition: From Colony to Autonomous Region*, New York: Palgrave Macmillan, 2001.

［404］Yin, R. , *Case Study Research: Design and Methods*, Thousand Oaks: Sage Publications, 2003.

［405］Young, D. G. , Late-night Comedy and the Salience of the Candidates Caricatured Traits in the 2000 Election, *Mass Media & Society*, Vol. 9, 2006.

［406］Yzer, M. C. & Southwell, B. G. , New Communication Technologies, Old Questions, *American Behavioral Scientist*, Vol. 52, No. 1, 2008.

［407］Zielinski, S. , *Deep Time of the Media: Toward an Archaeology of Hearing and Seeing by Technical Means*, Cambridge: MIT Press, 2006.

暨南文库·新闻传播学
第二辑书目